## «DO UT DES»
Antike römische Handlungsmaxime

### «SUUM CUIQUE PER ME UTI ATQUE FRUI LICET»
Cato der Ältere

### «PROXIMUS SUM EGOMET MIHI»
Publius Terentius Afer

*Die Tätigkeit des faulsten Menschen ist intensiver als sie des tätigsten Tieres*
Giacomo Leopardi

## «Jeder soll nach seiner Façon selig werden»
Friedrich II.

### «Faulheit ist der Hang zur Ruhe ohne vorhergehende Arbeit»
Immanuel Kant

«Faulenzer sind die fleissigsten Menschen: Sie nutzen jede freie Minute zum Nichtstun»
Ernst R. Hauschka

## «Ohne Faulheit kein Fortschritt»
Manfred Hausmann

«The higher the pay in enjoyment the worker gets out of it, the higher shall be his pay in cash, also»
Mark Twain

## «Wählen Sie eine faule Person, um einen harten Job zu machen»
Bill Gates

«Sozial ist, was Arbeit schafft!»
Wahlparole der CDU im Bundeswahlkampf 2005

«Ebit macht frei!»
VW-Konzernchef Herbert Diss

«Unser Land ist kein kollektiver Freizeitpark!»
Helmut Kohl, Oktober 1993 [sinngemäss zitiert]

«Es gibt kein Recht auf staatlich bezahlte Faulheit!»
Guido Westerwelle

## «Es gibt kein Recht auf Faulheit in unserer Gesellschaft!»
Gerhard Schröder, April 2001

## «Arbeit ist kein Ponyhof!»
Andrea Nahles, Februar 2023

## «Wir brauchen mehr Bock auf Arbeit!»
Steffen Kampeter, Februar 2023

### «Je mehr er hat, je mehr er will»
Johann Martin Miller

## «Toute de le gouvernement qu'elle mérite»
Joseph de Maistre

« Im Bereich der sozialen Interaktion am Arbeitsplatz erzeugt Regressivität monetärer Zuwendungen kombiniert mit Geringschätzung von erbrachter Leistung indirekt proportional hierzu Reaktionshandlungen deliteszierenden Charakters der abhängig Beschäftigten »
Alexander Schmitt / Eric Breuer

Alexander Schmitt / Eric Breuer

# Die grosse Kunst des Versteckens

## Ein kleines Brevier, wie man sich vor Arbeit drückt

Wissenschaftliche Studien zur sozialen Interaktion am Arbeitsplatz
auf der Basis von 26 Jahren empirischer Forschungstätigkeit
unter besonderer Berücksichtigung
der bayrischen Film- und Fernsehbranche
in 33 ½ Lektionen

Bibliografische Information der Deutschen Nationalbibliothek: Die deutsche Nationalbibliothek verzeichnet diese Publikation in der Deutschen Nationalbibliografie; detaillierte bibliografische Daten sind im Internet über http://dnb.dnb.de abrufbar.

© 2023 Eric Breuer
Verlag: BoD · Books on Demand GmbH, Überseering 33, 22297 Hamburg, bod@bod.de
Druck: Libri Plureos GmbH, Friedensallee 273, 22763 Hamburg

Die deutsche Bibliothek – CIP-Einheitsaufnahme

Schmitt, Alexander/Breuer, Eric:
Die grosse Kunst des Versteckens.
Ein kleines Brevier, wie man sich vor Arbeit drückt.
Wissenschaftliche Studien zur sozialen Interaktion am Arbeitsplatz auf der Basis von 26 Jahren empirischer Forschungstätigkeit unter besonderer Berücksichtigung der bayrischen Film- und Fernsehbranche in 33 ½ Lektionen.
Festschrift zum Tag der Arbeit am 1. Mai. -
München 2023

ISBN 978-3-7481-0242-7

Gewidmet allen «Boomern»

In tiefer Anerkennung
ihrer uns inspirierenden Art

# Inhaltsverzeichnis

# Vorwort

Die vorliegende Thematik war schon lange ein Desideratum der wissenschaftlichen Forschung über nonverbale soziale Interaktionshandlungen am Arbeitsplatz. Leider wurde sie viel zu lange totgeschwiegen und quasi als Geheimwissenschaft unter Wissenden und Fortgeschrittenen der grossen Kunst des Versteckens unter Verschluss gehalten. Wir danken insbesondere allen Kollegen, denen wir im Laufe der Jahrzehnte begegneten und die durch Rat und Tat den Weg für die Erkenntnisse dieser Publikation geebnet haben. Ohne ihr beredtes Handeln und ihre fachlichen Erläuterungen wäre es nicht möglich gewesen, die Tiefen des menschlichen Wesens so genau bis ins Kleinste zu analysieren. Für die uneingeschränkte Hilfe bei unserer wissenschaftlichen Arbeit und für die nette gemeinsame Zeit bedanken wir uns besonders bei den Kollegen Thomas R., Kurt G., Sepp Ö., Martin Th., Jörg R., Christian A., Torsten B. und Tobias A. Bei Letzterem besonders für seine scharfsinnigen Analysen der ihn umgebenden (Arbeits-)Welt. Unvergessen bleiben die Kollegen Sven Rott (†) und Alexander Zrouki (†), die letzten coolen, menschlichen Chefs. Herrn Dr. Marcus S. sei besonders für seinen inspirierenden Vorschlag, eine kurze Geschichte der Faulheit zu schreiben, gedankt. Unvergessen auch Herr Stephan Schneider aka «Hesse» (Oberursel), ein bedingungsloser Diener seines «Herrn und Meisters», stets auf dem Weg ein «Erleuchteter» zu werden und wissbegierig, mehr von den profunden Kennern der Materie zu erfahren, den sogenannten «GANZ GROSSEN». Besonderer Dank gilt aber jenem namenlosen Kollegen, der es geschafft hat, mehr als 30 Jahre still nur auf einem Stuhl zu sitzen, ohne jemals zu arbeiten. Ihm gilt unsere besondere Bewunderung und Verehrung. Er war stets eine unglaubliche Inspiration. Von ihm stammt eigentlich auch der Titel dieses Werkes. Seine mehr als 30-jährige Erfahrung am Arbeits<u>platz</u> [!] bildete die Grundlage für die folgenden Analysen.

Im Gegensatz zu einschlägigen Äusserungen der Politik, die frech behauptet, es gäbe kein Recht auf Faulheit, stellen die Autoren ausdrücklich fest: **Es gibt ein Recht auf Faulheit. Faulheit ist ein Menschenrecht und sogar erste Bürgerpflicht!**

München, den 1. Mai 2023 am **Tag der Arbeit**

## Einführung

Schon zwischen 1816 und 1830 entstand das grosse unvollendete Werk von Carl von Clausewitz (1780–1831)«Vom Kriege». So wie Clausewitz schrieb, dass der «Krieg die höchste Selbstbehauptung eines Volkes» sei, so ist die grosse Kunst des Versteckens eine Frage der Selbstbehauptung eines jeden einzelnen Arbeitnehmers. Denn die tägliche ungeheure Grosszügigkeit des Arbeitgebers, dass man arbeiten darf, muss gebührend belohnt werden.

Im Job geben wir als Dank gerne unser Bestes: Nämlich Nichts. Stellt man sich totaler Ausbeutung nicht entgegen, so lässt einen der Chef bis zum Umfallen für einen Hungerlohn arbeiten. Lohn hierfür ist ein bis zum Todestag verlängertes Renteneintrittsalter. Warum also nicht quasi den faktischen Renteneintritt auf sofort vorverlegen? Die Zerstörung des sozialen und gesellschaftlichen Konsenses durch die Arbeitgeberlobby, die seit Jahren und Jahrzehnten systematisch Arbeitsschutzgesetze, Tarife und Verdienst unterhöhlt, ruft ja direkt dazu auf.

Wie so oft im Kriege ist es jedoch auch bei der grossen Kunst des Versteckens so, dass eine eklatante Ungleichheit der verfügbaren Machtmittel besteht, die einen in den Partisanenkampf drängt. Wie kann sich ein einzelner Infanterist gegen ein ganzes Panzerbataillon zur Wehr setzen? Da hilft nur List und Tücke. Gott sei Dank wächst hier jedoch eine junge Generation heran, die nicht länger gewillt ist, sich alles gefallen zu lassen. Die strategischen Grundelemente zwischen dem Krieg des Clausewitz und unserer Verteidigung sind jedoch verblüffend ähnlich: Und so wie beim Feldzug, kann diese nur im begrenzten Grade geplant werden, sondern bedarf mitunter Entscheidungen unter Zeitdruck mit unvollständigen Informationen.

Wichtig ist hier besonders die Achse von Zweck, Ziel und Mittel. Wie schon sprichwörtlich, heiligt hier der Zweck die Mittel. Denn eines darf niemals passieren:
Dass man wirklich arbeiten muss...

## Ein Lob auf die Faulheit seit der Urgeschichte

> ☞ MERKE: Alle Energie, die Du Dir in der Arbeit sparst,
> kannst Du für Dich viel sinnvoller nutzen!

In einer Umwelt begrenzter Ressourcen war die Vermeidung unnötiger Anstrengungen seit der Urgeschichte elementar für das Überleben des *homo sapiens*. Denn «die wohl überlegte Faulheit ist das, was den klugen Menschen vom blöden wilden Thiere unterscheidet». In der menschlichen Geschichte war Nahrung ein kostbares Gut. Körperliche Anstrengungen und widrige Umstände führten zu einem höheren Verbrauch an Energie und somit auch an Nahrung – wohlgemerkt Nahrung, die nicht vorhanden war. In der Folge führte fehlende Faulheit zu Auszehrung, wodurch die Betroffenen immer anfälliger für Infektionen und Krankheiten wurden und letztendlich im Überlebenskampf den besser angepassten Individuen unterlagen. [«survival of the faulest»]

Auch später war die systematische unauffällige Verweigerung von Arbeitsleistung oftmals essentiell für das Überleben. In jener Zeit, als Leute zu Zwangsarbeit in Zwangslager verschleppt wurden, überlebten nur diejenigen, die sich unauffällig vor der schwersten körperlichen Arbeit drückten. Die überlieferten Berichte von Betroffenen bestätigen, dass alle, die sich in die Arbeit stürzten, um Sonderrationen durch Übererfüllung der Soll-Leistungen zu erhalten, den harten Arbeitsbedingungen erlagen.

Arbeitsverweigerung ist folglich von grösster Wichtigkeit für das Überleben des Arbeitenden.

Denn wer sich seine Schuhe nicht kaputtläuft, muss sie auch nicht ersetzen – von einem Gehalt, dass kaum zum Leben reicht. Wer nicht unnötig Kalorien bei der Arbeit verbrennt, muss sich auch weniger Lebensmittel kaufen. Wer blau macht, muss sich an diesem Tag auch keine Fahrkarte zur Arbeit kaufen.

11

## Zur Geschichte des Versteckens

Ihren Beginn nahm die grosse Kunst des Versteckens auch im militärischen Bereich. Doch zunächst war dort das Verstecken verpönt. Im Gegenteil, Anführer von Heeren kämpften schon immer an vorderster Front in auffälligen glitzernden Rüstungen und waren eindeutig als Führer der Truppen erkennbar.

Schon zu den Zeiten der Urgeschichte trugen sie von Weitem erkennbare, auffällige Helmaufsätze. Auch in der klassischen Antike und noch zu Zeiten Alexanders des Grossen präsentierten sich der Feldherr und seine Soldaten im Formationskampf gut sichtbar dem Feind. Im Mittelalter waren die Ritter hoch zu Ross, in ihren glitzernden Rüstungen und mit farbigen Wappenschilden, schon von Weitem identifizierbar. Selbst noch im 18. und 19. Jahrhundert begleiteten Feldherrn ihre Truppen und alle Uniformen waren knallig bunt und stachen ins Auge.

Erst als sich das deutsche Oberste Heereskommando (OHK) im ersten Weltkrieg im Hinterland versteckte, aber der gemeine Soldat an vorderster Front in Massen verreckte, wurde es auch dem gewöhnlichen Soldaten zu bunt. Die Feldgrauen begannen sich ebenfalls zu verstecken und zu tarnen. Waren noch 1914 die Uniformen voller glitzernder Beschläge und Knöpfe und Taschenlampen leuchteten nachts weit durch die Dunkelheit, so wurde schon zwei Jahre später die Ausrüstung in mattierten Farben gehalten, Stahlhelme von den Soldaten mit Tarnmustern bemalt und Taschenlampen hatten zum Teil Tarnkappen.

Nach dem verlorenen Ersten Weltkrieg trat die grosse Kunst des Versteckens ihren Siegeszug mit den heimkehrenden Truppen auch im Hinterland an. Von nun an versteckte sich, wer konnte. Denn wer hält schon für Idioten seinen Kopf hin? Still und leise verbreitete sich die grosse Kunst des Versteckens in der zivilen Bevölkerung und auch in der Arbeiterschaft.

Ein stiller Protest gegen das sinnlose Verheizt werden.

**Der Sinn der Pickelhaube:**
**Kamerad Strauss, unser Etappenvogel,**
**1914/18 mit Lochbohr-Hilfe!**

## Faulheit als Berufskrankheit

☞ MERKE: Vertausche nie Ursache und Wirkung!
Denn ohne zu niedrige Bezahlung, miese
Behandlung und schlechte Personalführung
würden sich Arbeitnehmer nicht zurückziehen!

Die Autoren schlagen vor, Faulheit endlich auch offiziell als
Berufskrankheit anzuerkennen. Da leider Faulheit derzeit noch
nicht als reguläre Berufskrankheit anerkannt ist, muss die
Anerkennung «wie» eine der anderen Berufskrankheit der
Berufskrankheitenliste erfolgen, wie die Berufsgenossenschaften
in ihrem Verfahren vorgeben: «Hierbei müssen die neuen
allgemeinen Erkenntnisse der medizinischen Wissenschaft zu den
wahren Ursachen der Faulheit im Verfahren vorgelegt werden.
Für eine Anerkennung von Faulheit in einer ihrer vielen
Ausdrucksformen (*apraxia, aergia, apraxititis* oder *faulentia
vulgaris*) als Berufskrankheit ist es erforderlich, dass die
Versicherten an ihrem Arbeitsplatz den entsprechenden
schädigenden Einwirkungen ausgesetzt waren und zwischen
Tätigkeit am Arbeitsplatz, den Einwirkungen und der Entstehung
der Krankheit ein ursächlicher Zusammenhang besteht.
Behandelnde Ärzte und Unternehmer sind hierbei verpflichtet
den Verdacht auf eine Berufskrankheit [= hier: die Faulheit] dem
Unfallversicherungsträger, in diesem Fall der zuständigen Berufs-
genossenschaft, zu melden. Daneben haben auch der Versicherte
und seine Angehörigen das Recht Verdachtsfälle zu melden.
Zur Abklärung des Zusammenhanges zwischen Arbeit und
Arbeitsverweigerung muss im Regelfall eine Arbeitsanamnese
durchgeführt werden, bei der die Arbeitsvorgeschichte des
versicherten Arbeitnehmers aufgenommen und geprüft wird.»

Hierbei ist zu beachten, dass der Begriff «Faulheit» ein euphemistischer Ausdruck der Arbeitgeber-Lobby für durch eklatanten Machtmissbrauch entstandene psychische Probleme von Arbeitnehmern am Arbeitsplatz ist. Denn von wenigen Ausnahmen abgesehen, handelt es sich bei der gemeinen Faulheit [*faulentia vulgaris*] nicht um eine charakterliche Sonderheit, sondern vielmehr um die Folgen eklatanter Fehler im Bereich der Personalführung. Mitarbeiter, deren Arbeit nicht geschätzt wird, deren Lohn unangemessen niedrig ist oder die sich schikanösen Arbeitsanweisungen ausgesetzt sehen, quittieren innerlich den Dienst, «brennen» innerlich aus und neigen in der Folge zu «Faulheit». In der Realität handelt es sich um Folgen der Arbeitsatmosphäre, die vom betroffenen Arbeitnehmer als äusserst bedrückend wahrgenommen wird. Das Autorenkollektiv geht dezidiert davon aus, dass kein Mensch von Natur aus mit «Faulheit geboren» wird. Versuchsaufbauten mit Schimpansen- und Menschenkindern haben gezeigt, dass die Ersteren durchaus über ihre Intelligenz Aufgaben lösten, während die Menschenkinder vor allem durch Nachahmung von vorhandenen Vorbildern lernten. Das Beispiel in Gesellschaft und Arbeitsumfeld spielt folglich bei der Ausprägung von Archetypen eine wesentliche Rolle. [Eine Wiederholung des Versuchsaufbaus mit erwachsenen Schimpansen und einem zufällig ausgewählten erwachsenen Chef schlug leider komplett fehl, da die Schimpansen dem Chef intellektuell weit überlegen waren.]
So ist festzuhalten, dass falsche Mitarbeiterführung regelhaft die Ursache für somatische Erkrankungen am Arbeitsplatz ist. Willkürliche Personalentscheidungen, Vergütungen, die in keiner Weise der Qualität der Arbeit entsprechen und «hire and fire» Mentalität führen zu inneren Kündigungen bei den Angestellten, egal welcher Disposition. Folge dieser Mitarbeiterführung sind Arbeitsergebnisse, die Arbeitgeber in ihrem Narrativ einer perfiden Täter-Opfer-Umkehr als «Faulheit» beschreiben.
Daher ist es an der Zeit, «Faulheit» endlich auch amtlich als Berufskrankheit anzuerkennen.

## Der deutsche Patient

>  MERKE: Je grattliger Firma und Chef und
> je schlechter die Bezahlung,
> umso unverschämter deren Ansprüche!
> Denn mit was können Chefs punkten,
> die nichts bieten und nichts zahlen –
> ausser mit Druck!

Aus medizinisch-wissenschaftlicher Sicht ist bei der Betrachtung der Faulheit als Berufskrankheit in einer ihrer vielen Ausprägungen jedoch zu beachten, dass es sich um eine Krankheit aus der neuen Gruppe der autosuggestiven Immunkrankheiten handelt. Dies bedeutet, je schlechter die Bezahlung und je unverschämter die Ansprüche, umso stärker wird das Immunsystem des unter der Berufskrankheit Leidenden gereizt – solange, bis der unter der Berufskrankheit Leidende gegen jegliche Einflussnahme seines Chefs komplett immun ist.

Kurz: Wenn man als Chef oder Arbeitgeber Mitarbeiter nur schlecht genug behandelt, dann bekommt man dafür etwas ganz Besonderes zurück: Multiresistente Arbeitnehmer.

Nun, eine Krankheit mit Dienstanweisungen oder psychischem Druck zu bekämpfen ist eine neue, bislang in der Medizin kaum bekannte Behandlungsmethode. Sie klingt so vielversprechend, wie Geistheilung oder Voodoo, ist jedoch in der Schulmedizin bislang eher verkannt. Daher sollte der an der Berufskrankheit Leidende diesen alternativen Behandlungsmethoden des Herrn «Doktor Chef» seine Zustimmung versagen.

Überhaupt stellt sich die Frage, wer denn eigentlich der Patient ist: Die Filzlaus oder der Filzlausträger?

**Denn wie im Irrenhaus gilt: Der eigentliche Patient ist der Chef!**

**Der eigentliche Patient ist der Chef!**

**Sorry Kleiner, nicht für «Nichtmitglieder»!**

## Der Club der «Nichtmitglieder»

> ☞ Merke: Wer Nichtmitglied ist, der hat
> auch keine Mitgliedspflichten!

Wie kommt unser Chef dazu, uns unsere Rechte abzusprechen?
Richtig! Er spricht uns ab, «dazu zu gehören». Meist wird von ihm
und anderen Bürokräften argumentiert, dass wir aufgrund
gewisser Unterschiede in unserer Arbeitsvertragsgestaltung nicht
zu «Ihrer» Gruppe gehören, also sozusagen «nicht Mitglied» sind.
Vereinfacht wird bei dieser Argumentation angenommen, dass es
zwei Gruppen in der Belegschaft gäbe: Jene, die einen «festen»
Vertrag hätten und folglich zum Unternehmen gehören würden
(meist $\leq 20\%$) und andere, die aus irgendwelchen Gründen nicht
äquivalent angestellt seien (meist $\geq 80\,\%$).
[vgl. auch Teilzeit- und Befristungsgesetz]
Nachdem im ersten Schritt die «Zugehörigkeit» bestritten wurde,
folgt dann als Schlussfolgerung, dass diese «Leute» [wir!], die
nicht zur ersten Gruppe gehören, natürlich auch nicht die gleichen
Rechte wie «Gruppenmitglieder» haben können.
Leuchtet doch ein, oder?
In einem gruppendynamischen Prozess wird dann als Nächstes
aus    der    «Nichtgruppenzugehörigkeit»    eine    rechtliche
Schlechterstellung und oft auch Negierung von Eigenschaften
begründet. Eine historisch bewährte Argumentationskette zur
Ausgrenzung von Personengruppen. In Wirklichkeit aber natürlich
völliger Unsinn, da alle Arbeitnehmer die gleichen Rechte haben
und natürlich alle Menschen vor dem Gesetz gleich sind.
Daher sei unsere oberste Maxime: Wer «keine Rechte» hat, der
hat auch keine Pflichten! Sollen sie doch schauen, wie sie ihren
«Laden schmeissen»! Wir sind dabei raus!

## Das perfide Narrativ der Täter-Opfer-Umkehr

☞ MERKE: Solange Dein Chef nur so tut,
als würde er Dich richtig bezahlen,
solange solltest Du auch nur so tun,
als ob Du richtig arbeitest!

Ein Kollege rief einmal: «Wenn der Chef mich richtig bezahlen würde, dann würde ich auch darüber nachdenken, richtig zu arbeiten!» Recht hat er! Denn alles, was die Arbeitgeber-Lobby über «faire» Bezahlung und «faule» Mitarbeiter behauptet, ist eine perfide Täter-Opfer-Umkehr und so gelogen, dass ihnen dafür wie Pinocchio eigentlich eine lange Nase wachsen müsste. Dass Arbeitskräfte fehlen würden und niemand mehr arbeiten möchte, verdreht die Tatsachen. Denn leider haben die Arbeitgeber eine winzige Kleinigkeit übersehen: Im Gegensatz zu ihnen muss der Arbeitnehmer von seinem Gehalt leben. **Wenn das Ergebnis harter Arbeit nicht mehr ausreicht, um über die Runden zu kommen, wird es uninteressant zu arbeiten.** **Alles andere ist ein perfides Narrativ einer Täter-Opfer-Umkehr.** Auch am mathematischen Ergebnis der Subtraktion der reinen Zahlen von Geldzufluss durch Gehalt und des nötigen Geldbetrages zum Überleben ändert sich nichts, wenn man Zahlungen für noch Bedürftigere [«Harzer»] kürzt. Kaum zu glauben, aber das sind zwei unterschiedliche Rechnungen! Im Gegensatz zum Mittelalter, als man als guter Christ im Himmel für Wohlverhalten auf Erden belohnt wurde, ist nach dem Arbeitsleben alles vorbei. Du glaubst doch nicht an ein Leben nach der Rente? [Und warum soll es eine christlich gute Tat sein, den Arbeitgeber noch reicher zu machen – nur weil der vielleicht in einer «<u>C</u>hristlichen» Partei ist?]

**Dein Chef will Dir eine lange Nase drehen!**

## Vom Mythos des «in Vorleistung Gehens»

 MERKE: In Vorleistung gehen nur Idioten,
die das Spiel nicht verstanden haben!

Ein Kollege, der mit seinem kargen Salär nicht zurande kam, ging vor Jahren mit der Bitte um eine kleine Gehaltserhöhung zum Chef. Meinte dieser ablehnend: «Erstmal musst Du in Vorleistung gehen!» Wie dem geneigten Leser aufgefallen sein dürfte, wird hierbei aber in keinster Weise zugesichert, dass dies positive Auswirkungen auf den «in Vorleistung Gehenden» haben wird. Im Juristenjargon nennt man dies wohl eine «*nuda spes*». Gleichsam wie bei einem hoffenden Nachkommen, der auf das Erbe seines Vaters geduldig wartet, aber dann irgendwann in letzter Sekunde noch von einer familienfremden Erbschleicherin betrogen und aus dem Haus seiner Ahnen gejagt wird. «Erbschleicher» in der Arbeitswelt sind hierbei meist die besten Freunde des Chefs, die plötzlich aus dem Nichts auftauchen und bessere Stelle und Gehaltserhöhung bekommen, ohne jemals wirklich gearbeitet zu haben...
Daher ist es erste Bürgerpflicht ebenfalls nichts zu tun. Denn wer nur auf die nackte Hoffnung setzt, der wird irgendwann selbst nackt dastehen. Generationen von Praktikanten wurden wie in einem Durchlauferhitzer verheizt. Motiviert nur durch die vage Hoffnung nach Bewährung übernommen zu werden.
Dies war jedoch nie vorgesehen. Stattdessen wurde der Praktikant als kostenloser Ersatz für zwei [!] eingesparte Vollzeitstellen missbraucht. Ähnlich verhält es sich leider auch im allgemeinen Arbeitsleben. Also besser warten mit Engagement. Am Besten bis zur Rente.
Denn eine Sache ist ja wohl klar.
Wir gehen nur in **« N a c h l e i s t u n g »**!

**Vom Mythos des «in Vorleistung Gehens»**

## Das Spiel spielen

 **MERKE: Das «Spiel spielen» heisst N I C H T das Spiel m i t spielen!**

Sieh das Ganze als Spiel an. Was hast Du zu verlieren? Schlimmstenfalls fliegst Du halt raus, klagst auf eine möglichst hohe Abfindung und suchst Dir einen neuen Job! So einen schlecht bezahlten Job, wie bei einem ausbeuterischen Unternehmen findest Du immer wieder.
Kurz, der Job ist eigentlich nicht erhaltenswert.
**Daher darf die Sache mit der Erledigung der Arbeit nicht allzu verkrampft gesehen werden.**
Denkt der Arbeitgeber erst, dass Du auf den Job bitternötig angewiesen bist und jeden Cent dringend brauchst, hast Du schon verloren. Er wird Dich fertig machen und ausbeuten, bis Du tot umfällst. Daher ist es notwendig, sich nichts anmerken zu lassen. Bleib locker!
Vergiss nie: Es ist ein Spiel mit gezinkten Karten. Ein Spiel, in dem Deine Würfel immer die niedrigste Augenzahl haben. Von Chancengleichheit kann keine Rede sein!
Sieh das ganze als eine Art Theaterstück an.
Nur Dein Arbeitgeber und Dein Chef wollen, dass es eine Tragödie wird und Du der Hauptprotagonist davon bist.
Mache es zu einer Komödie!
Schliesslich sollen alle etwas zu lachen haben.
... und wer sag überhaupt, dass der Chef der Regisseur ist oder als Autor die Rechte des Stücks besitzt?
Davon, ob er dafür geeignet wäre, reden wir gar nicht.
**DU** bist der Autor und der Spielleiter.
**Es ist an der Zeit, die Spielregeln leicht zu ändern!**

**Das Spiel spielen**

# Unser Äusseres

>  **MERKE:** Die Leute werden Dich immer nach Deinem
> Äusseren beurteilen und nicht nach dem,
> was Du kannst!
> Denn das, was Du kannst, ist u n w i c h t i g !
> Also kleide Dich stets in den teuersten Zwirn!

Laufe stets wie aus dem Ei gepellt in der Arbeit herum. Mit frisch gestärktem, weissen Hemd, teuren Hosen und Schuhen.
Die Leute werden Dich nach Deinem Aussehen beurteilen und nicht nach dem, was Du kannst.
Am besten Du schaffst Dir einen Arbeitsgürtel auf Firmenkosten an, an dem allerhand Dinge herabbaumeln, denn das sieht ungeheuer chic aus:

- Ein paar Dinge, die man wirklich nie braucht.
- Eine Taschenlampe, denn es soll allen ein Licht aufgehen, wie gut Du ausgerüstet bist.
- Ein Schraubendreherset auf US-Zollbasis. [keinesfalls DIN!].
- Eines dieser Multitools, die unheimlich cool aussehen, aber mit denen man in der Realität keine ernsthaften Arbeiten durchführen kann.
- Dein Bereitschaftstelephon
  [stets auf Anrufumleitung zum Kollegen stellen!]

Stift in der Hemdtasche, Notizbuch stets dabei.
Allzeit bereit!
Achte aber darauf, dass Du nie Werkzeug bei Dir hast, mit dem man wirklich arbeiten könnte, denn das könnte fatal sein.
Und wenn **Wir** dann so dastehen, strahlend wie aus der Waschmittelwerbung, dann kann die Arbeit kommen!
«Was? Das wird schmutzig?»
«Sorry, da muss ich mich erst umziehen!»

**Unser Äusseres**

## Wo bin ich?

---

☞ **MERKE:** Sollten Arbeiten anstehen, so empfiehlt es
sich rechtzeitig nicht auffindbar zu sein!

---

Wo bin ich?
Dies ist eine gute Frage.
... und ganz unter uns sollte auch **NIEMAND** diese Frage
beantworten können.
Der Zeitpunkt des Verschwindens sollte gut gewählt werden,
denn sowohl zu spät verstecken, als auch zu früh wieder
auftauchen, kann einen teuer zu stehen kommen.
Um maximale Unerreichbarkeit zu erreichen, muss als
Aufenthaltsort ein Ort angegeben werden, an dem man sich
garantiert **NICHT** aufhält. Wird die Anwesenheit an diesem
Alibi-Ort überprüft, so war man halt im Zweifelsfall mit der Arbeit
an diesem zweiten Ort schneller fertig und wurde an einen dritten
Ort geschickt - der natürlich erst im Nachhinein bekannt gemacht
werden sollte. Kleine Sekundär-«Arbeiten» empfehlen sich hier
besonders. «Ich muss noch schnell [...]» ist vor Arbeitsbeginn eine
geeignete Floskel, um das Weite zu suchen. Wie lange dann diese
Nebentätigkeit dauert, hängt davon ab, wie viel Zeit man braucht
um sich zu überlegen, was einer Rückkehr zum wirklichen
Arbeitsort im Wege stand.
Geeignete Wendungen zum Entfernen ohne konkrete
Ortsnennung sind beispielsweise:
- Ich komme gleich wieder.
- Ich gehe mal wohin. Du weist schon wo...
- Da fällt mir gerade ein. Ich muss noch kurz was wegbringen.
- Ich habe was vergessen.
Womit wir bei der Wahl des tatsächlichen Aufenthaltsortes
wären:

**Wo bin ich?**

## Wahl des Aufenthaltsortes

☞ MERKE:  Wer nicht sichtbar ist,
wird schnell vergessen!

Es ist eine psychologische Tatsache, dass Dinge, die nicht direkt sichtbar sind, schnell vergessen werden. Dies wurde in Experimenten mit Schimpansen eindeutig nachgewiesen. Für Chefs gilt dies ebenso, da sie ähnlichen Verhaltensmustern folgen und auch auf ähnliche Denkstrukturen zurückgreifen. Da es zwischenzeitlich Chefs geben soll, die unauffindbare Mitarbeiter suchen, empfiehlt es sich den Zwischenaufenthaltsort sorgfältig auszuwählen. Aufenthaltsorte mit niedriger Besuchsfrequenz durch andere Betriebsmitglieder sind hier vorzuziehen. Eine fehlende direkte Einsehbarkeit von aussen ist von erheblichem Vorteil. Besonders sollte man aber darauf achten, dass sich nähernde Chefs frühzeitig bemerkt werden können. Daher sollten die Wege zum Aufenthaltsort gut überblickbar sein. Auch ist es von Vorteil, wenn ein Hinterausgang/«Fluchtweg» vorhanden ist, durch den man sich beim Nähern des Chefs unauffällig und unbemerkt wieder entfernen kann.

Wenn alle Stricke reissen, empfiehlt sich der Abort als sicherer Aufenthaltsort. Man sollte hierbei nicht gerade die Haupttoilette am Arbeitsort wählen, sondern eine kleine, kaum frequentierte Toilette am anderen Ende des Betriebsgeländes, die eigentlich sonst niemand benutzt und die über mehrere Kabinen verfügt.

(Es soll sich ja niemand anderer die Beine in den Bauch stehen, während wir dort warten.) Am Besten ein gutes Buch mitnehmen. Es könnte länger dauern. Bei Nachfragen wegen der Dauer des Toilettengangs empfiehlt sich der Verweis auf Darmbeschwerden oder andere krankheitsbedingte Unpässlichkeiten. Das leitet auch später am Tage zum frühzeitigen Heimweg hin.

**Wahl des Aufenthaltsortes**

## Ja, wo laufen sie denn?

☞ **Merke:** Besser lang(sam) gelaufen,
als schnell gearbeitet!

Schon vorab sollte man allen Beteiligten klar machen, dass man nicht gut zu Fuss ist und daher die Bewältigung der Strecke zwischen Arbeitsorten einige Zeit in Anspruch nehmen kann. Die Benutzung eines Velocipeds, das von der Firma gestellt werden könnte, ist vor diesem Hintergrund kategorisch von Dir abzulehnen. Grund hierfür ist die Mitnahme angeblich empfindlicher Gegenstände, Unterlagen, etc., die keinesfalls während der Fahrt versehentlich herunterfallen dürfen.

Im schlimmsten Fall hast Du Schwindel oder kannst nicht Fahrrad fahren oder hast Angst herunterzufallen.

Möglicherweise bist Du auch traumatisiert, weil Du als Kind mal einen schlimmen Fahrradunfall hattest, den Du nur knapp überlebt hast. (frontal gegen LKW etc.) In diesem Fall empfiehlt es sich allerdings nicht jeden Tag mit dem Fahrrad zur Arbeit zu fahren und es demonstrativ vor dem Firmengebäude zu parkieren...

Noch besser gestaltet es sich jedoch, wenn man mit dem Auto oder Firmenbus eine Besorgungsfahrt machen soll. Wer hat nicht schon von den legendären Münchner Staus gehört?

Bei älteren Fahrzeugen bietet sich zudem die Möglichkeit einer unplanmässigen Panne an, die unter schwersten Entbehrungen selber behoben wurde. Die Fehlerquellen sollten jedoch möglichst nebulös und nicht überprüfbar sein. Ein späteres Auslesen des elektronischen Fehlerspeichers durch eine Fachwerkstatt sollte vermieden werden. Für diesen Fall sollten die Pannenursachen so beschaffen sein, dass sie keine Spuren im Fehlerspeicher hinterlassen.

**Ja, wo laufen sie denn?**

## Laaangsam, laaangsam, denn wir habens eilig!

☞ **MERKE:** Schenke keine Zeit den «grauen Herren»,
denn sie leben auf Deine Kosten!

Bei der Freiwilligen Betriebsfeuerwehr lernt man: «Langsam, langsam, denn wir habens eilig!» Dies dient der eigenen Sicherheit, denn wer über die eigenen Beine stolpert und sich im Eifer des Gefechts verletzt, kann nicht mehr helfen, sondern muss selber versorgt werden. Man kann diesen Satz jedoch auch auf die eigentliche Arbeitszeit anwenden und nicht nur auf kritische Einsatzsituationen der Betriebsfeuerwehr.

Unser Motto sei stets: «Lust haben wir nicht, Geld haben wir nicht, aber Zeit haben wir im Überfluss.»

Warum handeln wir nicht auch danach?

Von dem bayrischen Schriftsteller und Philosophen Michael Ende (1929–1995) wurde die Problematik thematisiert. [Seine Werke sind keine «Kinderbücher», auch wenn die deutsche Gesellschaft dies nie verstanden hat!] In seiner Erzählung «Momo» beschreibt Michael Ende, wie die «Grauen Herren» den Menschen die Zeit stehlen und davon leben.

In unserem Fall heisst das, wer schneller fertig ist mit der Arbeit, bekommt nur noch mehr Arbeit «reingedrückt». Der Langsamste schützt sich hingegen vor unvergüteter Mehrarbeit.

**Unsere oberste Handlungsmaxime ist daher: Schenke keine Zeit den «grauen Herren», denn sie leben auf unsere Kosten!**

Wir sind hier im «Nirgendhaus» und je schneller wir arbeiten würden, desto langsamer ginge es für uns voran. Denke lieber an die Schildkröte Kassiopeia. Nur wer rückwärts geht, kommt vorwärts! Und nimmt Dir Beppo, den Strassenkehrer als Vorbild: Niemals hetzen oder an Arbeit denken. Nur dann macht es Freude!

**Laaangsam, laaangsam, denn wir habens eilig!**

## Zeitmanagement: Vom Aufschieben zum Terminieren

 **MERKE:** Arbeitsaufträge sind so lange aufzuschieben, bis sie sich von selbst erledigt haben!

Wer kennt es nicht, der Terminkalender ist voll und jede Menge Arbeit wartet auf uns.

Da kann man ja auch mal den Überblick verlieren.

Hier hilft nur eines: Die Erledigung verschieben.

Doch was tut man, wenn man es schon verschoben hat und es noch immer nicht erledigt wurde?

Richtig! Nochmals aufschieben!

Ziel ist so lange aufzuschieben, bis der Auftrag wegen fehlender Aktualität terminiert werden kann.

Besonders nervig sind elektronische Arbeitskontrollprogramme. Hier wird häufig auch noch vom Chef eine Priorität vorgegeben, mit der gewisse Aufträge bearbeitet werden müssen. Solange der Auftrag nicht bearbeitet wurde, leuchtet er weiter mit hoher Priorität – bis der Chef ungehalten wird.

Ein unbekannter Kollege hatte hier die zündende Idee. Einfach den Vorgang als «in Bearbeitung» markieren. Dort bleibt er dann – unsichtbar – bis das Arbeitskontrollprogramm zusammen mit den Computern verschrottet wird...

Die Quintessenz ist:

Man muss die Arbeit so lange aufschieben, bis sie nicht mehr gemacht werden muss.

z. B.

• Schneeräumen aufschieben, bis es taut.

• Reparatur aufschieben, bis Ersatzgerät angeschafft wurde.

• Praktikanteneinweisung, bis dieser nicht mehr im Hause weilt.

• Tätigkeiten, bis sie jemand anderes völlig entnervt erledigt hat.

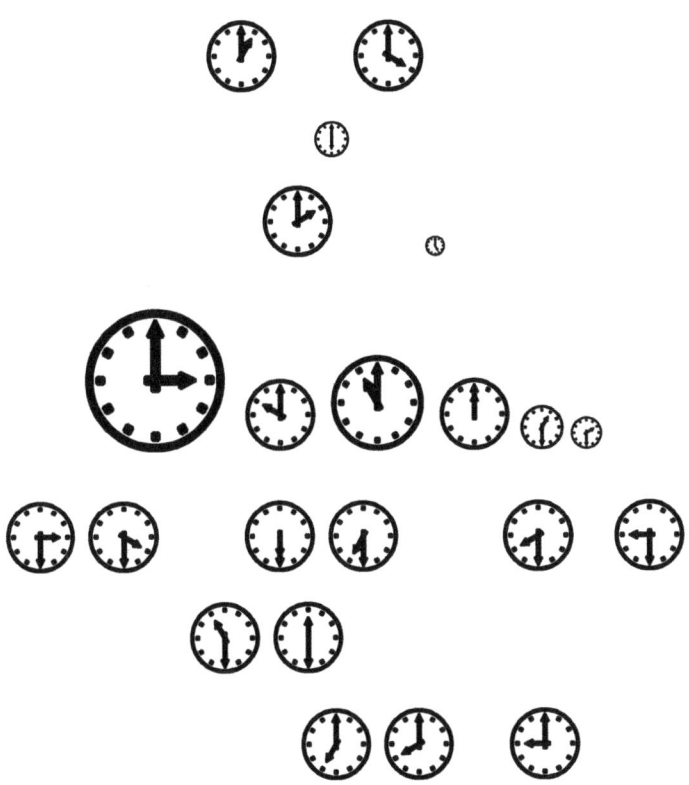

**Zeitmanagement: Vom Aufschieben zum Terminieren**

## Pausengliding oder «Brotzeit ist die schönste Zeit»

---

☞ MERKE: Das Ende der ersten Arbeitspause ist definiert
durch den Beginn der darauf folgenden
zweiten Arbeitspause!
Hierbei verschmelzen beide Zeitpunkte
symbiotisch! [⇨ siehe auch Lektion 32]

---

«Die machen ja nur noch Pause!» wird da die böse Kollegin ganz
grün vor Neid giften und sich zugleich in eine kleine böse Hexe
verwandeln. Stimmt! [beides!] - Aber ist das unser Problem?
Für uns allenfalls ein Grund nur noch länger Pause zu machen!
Schlüssel zum Erfolg ist hierbei den genauen zeitlichen Beginn
einer Pause als den grossen unbekannten Faktor zu erhalten.
Gehe **niemals** hin und rufe laut: «Ich mache **jetzt** Mittagspause!»
So etwas machen nur Idioten, da sie hierdurch den genauen
Beginn der Pause definiert haben. Auch fixe, immer
wiederkehrende, routinemässige Zeiten für Pausen sind nichts für
uns. Denn mit dem Beginn der Mittagspause wird auch
automatisch deren Ende mathematisch definiert, da normierte
Arbeitspausen vorgegebene Längen haben. Beim wahren Profi
leitet vielmehr stets eine «Arbeitätigkeit» ausserhalb des
eigentlichen Arbeitsplatzes nahtlos in die Pause über. Der genaue
Zeitpunkt, wann die «Tätigkeit» endete und die Pause begann,
bleibt vage – und passt sich den jeweiligen Nachfragen an.
Gründe warum man gerade Pause macht gibt es viele:
*   Wir hatten soviel zu tun, dass wir erst jetzt Mittagspause
    machen können. [= zweite Mittagspause!]
*   Das war gerade so anstrengend. Ich brauch `ne kleine Pause
*   **Wir warten** ...auf den Kollegen / weitere Anweisungen etc.
    [**D E R** Klassiker und unser persönlicher Liebling!]

**Pausengliding oder «Brotzeit ist die schönste Zeit»**

## Drücken vor Arbeit bei körperlicher Anwesenheit

---

 MERKE: Niemals offen «N e i n» sagen!

---

Das Drücken vor Arbeit bei wirklicher körperlicher [!] Anwesenheit ist das, was den wahren Meister ausmacht.
Hier handelt es sich um die Königklasse dieser Disziplin.

**Wesentliche Regeln hierbei:**
- NIEMALS «Nein» sagen.
- IMMER Nicken (das schafft Vertrauen).
- IMMER «Ja! Ja! Natürlich!» sagen. [nicht «jaja»...]
- IMMER «Natürlich erledigen wir das gleich als Nächstes»
- IMMER geschäftig tun.
  Am besten man geht und sucht gleich Werkzeug und Arbeitsmittel, die man zur Erledigung der Aufgabe braucht/ [bräuchte!]. [Dann ist man erstmal den Chef los!]
  Leider, leider sind einige der dafür unbedingt nötigen Dinge unauffindbar!
  Falls nicht, hilft es das betreffende Teil in einem anderen Lagerbereich zu «entsorgen», wo es der Chef nicht findet.

Falls später nachgefragt wird, warum die Arbeit nicht erledigt wurde: Naja, man kann ja auch mal was vergessen...

**Das «Ins-Spiel-bringen»:**
Die Lösung kann auch indirekt durch das «Ins Spiel bringen» anderer Mitarbeiter erfolgen.
Falls man in der Gruppe vor dem Chef steht, den betreffenden Mitarbeiter einfach beherzt nach vorne schubsen.
Er wird dort vorne schon seine Bestimmung finden.

**Drücken vor Arbeit bei körperlicher Anwesenheit**

## Der magische Dreisatz der Teamarbeit

 **MERKE: Der magische Dreisatz der Teamarbeit besteht aus drei Zustandsbeschreibungen, die eine gewisse Dynamik in der Benennung der handelnden Personen widerspiegeln!**

Der magische Dreisatz der Teamarbeit gliedert sich in drei Phasen, die gewisse Transformations- und Ablösungsvorgänge widerspiegeln. Hierbei handelt es sich um den Dir aufgezwungenen **Ausgangszustand,** die **Transformationsphase** und den **Lösungsvorgang**, in dem DU DICH von der ARBEIT löst. Hierbei tritt eine gewisse Dynamik in der Benennung der agierenden Personen auf:

1. **Ausgangszustand:**
   «Ok, **ICH** mach das ja schon.»
2. **Transformationsphase:**
   «Besser **WIR** machen das gemeinsam».
3. **Lösungsvorgang:**
   «**IHR** macht das schon. Ihr seid ja jetzt schon genug Leute.»
   Sim sala bim ...und Du bist weg.

Wenn es dann gar nicht erledigt wurde, folgt:

4. «Ich dachte, **IHR** macht das!» [*vorwurfsvoll vorgetragen*]

Die zweite wichtige Abart des Dreisatzes der Teamarbeit lautet:

1. «**ICH** mach das schon.»
2. «**WIR** machen das.»
3. «Fangt **IHR** schon mal an, **ICH** komme gleich.»

Später ergänzend [erstaunt]:

4. «Waas? Ihr seid schon fertig? Ich wollte Euch doch helfen!»

**Der magische Dreisatz der Teamarbeit**

## Das KANN ich nicht!

---

☞ MERKE: Sage niemals: «Das MACHE ich nicht!»
Dies könnte Dir als Arbeitsverweigerung
ausgelegt werden!
Sage immer: «Das KANN ich nicht!»

---

Da war sie wieder... die Arbeit. Der Chef pocht auf ihrer Erfüllung. Doch wie komme ich dem aus? Aufgrund des Direktionsrechts des Arbeitgebers kann Dir Dein Chef allerhand Aufgaben aufs Auge drücken. Dir als kleinem Arbeitnehmer stehen nur wenige Möglichkeiten zur Verfügung, diesen zu entkommen. Anders sieht es jedoch aus, wenn Du gar nicht für diese Tätigkeiten eingestellt oder qualifiziert bist. Meist findet sich im Arbeitsvertrag eine genaue Beschreibung Deiner Tätigkeit. Studiere diese genau! Arbeitsplatzbeschreibungen zu bestimmten Arbeitsplätzen im Betrieb sollten über den Betriebsrat einsehbar sein. Aber keine schlafenden Hunde wecken!

Etwas anderes ist es, wenn Du die angewiesene Arbeit nicht kannst und Du diese aufgrund der Tätigkeitsbeschreibung im Arbeitsvertrag oder der Arbeitsplatzbeschreibung zu Deinem Arbeitsplatz auch gar nicht können musst.

Egal, ob Du das kannst oder auch nicht. Erst einmal blöd stellen. **Du kannst das nicht! Punkt!**

Wenn Dein Chef darauf besteht und sich nicht erweichen lässt und Du wirklich nicht mehr auskommst, so ist es nunmehr Deine Aufgabe die Richtigkeit Deiner Behauptung vollständig und unwiderlegbar für immer zu beweisen.

Kurz: Führe die Dir übertragene Aufgabe so grottenschlecht aus, dass Dein Chef Dich **nie wieder** um eine derartige Arbeit aus diesem Tätigkeitsbereich bitten wird!

**Das** <u>KANN</u> **ich nicht!**

## Kollege Hampelmann

☞ MERKE: Mache nie den Hampelmann,
denn ein Hampelmann,
stets nur hampeln kann!

In jeder Firma gibt es ein paar besonders engagierte Mitarbeiter, die scheinbar nicht wissen, wie sie ausserhalb der Arbeit ihre Freizeit verbringen sollen. Der Chef braucht bei ihnen nur an der Schnur zu ziehen und schon machen sie für ihn «den Hampelmann». Stets spornen sie ihre Kollegen durch ihr eigenes Beispiel zu immer noch höheren Leistungen an, laden zu Teamtalks ein, finden Wege die eigene Produktivität zu steigern. Für den Chef sind solche Mitarbeiter der Ferrari, den er schon immer zum Preis eines alten Kinderdreirads haben wollte.
Leider schätzen Chefs den Wert solcher Mitarbeiter nicht als Ferrari ein. Sondern so, wie den Wert des alten Kinderdreirads. Nach ihrer Logik nach dem Preis, den sie dafür bezahlen. Frei nach dem Motto: «Es ist das wert, was ich dafür ausgebe.»
Lass Dich niemals von der Naivität, der Aktivität und dem Aktionismus derartiger Kollegen anstecken!
Mit ihnen wird es kein gutes Ende nehmen!
Entweder dieser Kasperl bekommt irgendwann am Arbeitsplatz einen Herzkasperl, weil er sich übernommen hat oder er wird in die Klapse eingeliefert, da er an der Pforte um drei Uhr nachts seine Büroschlüssel abholen wollte – nachdem ihm seine Frau Gemahlin abgehauen ist, weil er sein Zuhause eh in der Firma hat. Wie meinte ein Chef einmal, nachdem ein solcher Hampelmann mangels Beförderung irgendwann frustriert gekündigt hatte: «Schön blöd, wenn man so lange für das Gehalt so eine Performance abliefert!» Klingt nach geschätztem Mitarbeiter...

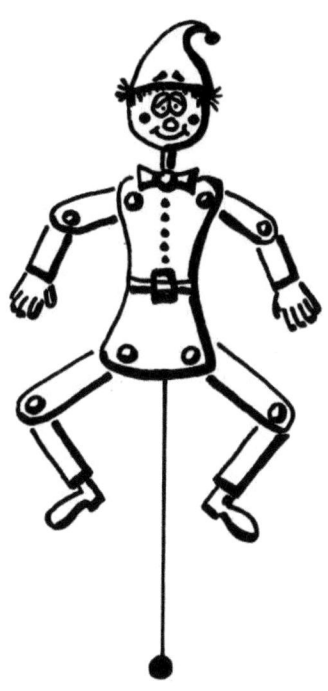

**Kollege Hampelmann**

## Die Macht der Sicherheitsvorschriften

☞ MERKE: Viele Facharbeiten dürfen aus Gründen des
Unfallschutzes nur von unterwiesenem
Fachpersonal durchgeführt werden!

Wem ist es nicht schon so gegangen. Man steht nichts ahnend auf der Baustelle ...und da fällt einem eine Bierflasche auf den Kopf. Für eine Vielzahl von Arbeiten haben die Berufsgenossenschaften genaue Vorschriften erlassen unter welchen Gegebenheiten diese ausgeführt werden dürfen. Schwere, in der Vergangenheit durch Dummheit und Ignoranz verursachte, Unfälle haben dazu geführt, dass diese Vorschriften im Laufe der Zeit laufend verschärft wurden. Meist gibt es in allen grösseren Betrieben einen offiziellen Sicherheitsbeauftragten, der die Einhaltung dieser Vorschriften zu kontrollieren hat. Und glaube mir, keiner dieser Sicherheitsbeauftragten wird da willentlich einer Umgehung solcher Vorschriften zustimmen, wenn er dann bei allfälligen Unfällen dafür persönlich haftbar gemacht werden könnte!
Falls eine Anweisung kommt, dann prüfe zunächst immer als erstes, ob Du überhaupt befugt oder berechtigt bist diese Arbeit durchzuführen. So dürfen die meisten elektrotechnischen Arbeiten nur von elektrotechnisch unterwiesenem Fachpersonal durchgeführt werden, was ja auch sinnvoll ist, da von Strom erhebliche Gefahren ausgehen können. Oftmals stehen auch Richtlinien der UVV einer angeordneten Arbeit entgegen. Wenn ein Steiger zum Beispiel keine Sicherungsgurte hat oder diese verloren oder verschlampt wurden, darf man nicht mit diesem in luftige Höhen fahren. Sie sind da? Verschwinden lassen und dann an unauffälliger Stelle entsorgen! Spätestens nach dem dritten Mal verliert der Chef die Lust neue zu besorgen.

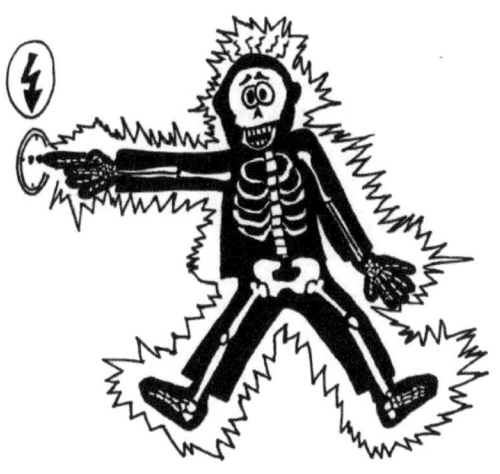

**Die Macht der Sicherheitsvorschriften**

## Die Kunst des Delegierens

> ☞ MERKE: Je dreister man ist,
> umso eher wird es auch klappen!

Eine weitere Möglichkeit unliebsame Arbeit loszuwerden, ist es diese an andere Mitarbeiter zu delegieren.
Grosser Vorteil: Durch das Delegieren vermeidet man eigene Fehler, kann Fehler auf andere schieben, wenn es schlecht läuft …und natürlich das Lob für die getane Arbeit [anderer] einheimsen – wenn diese gerade nicht da sind.
Am Besten man vermeidet gleich am Anfang Diskussionen und verteilt «bossy» die Arbeit.

Gründe für ein Delegieren der Arbeit gibt es viele:

- Du, ich habe gerade keine Zeit… [Klassiker!]
- Du, ich muss gerade noch das andere Projekt fertig machen.
- Du weißt ja, wie der Chef ist…
- Der Chef braucht mich beim zweiten Projekt.
- Du kannst das besser. [lobend]
- Ich kann das nicht. [siehe oben]
- Könntest Du schon mal damit anfangen? Ich komm gleich.
- Mir geht's gerade gesundheitlich nicht so gut…

und etwas nebulöser:
- Ich muss gleich weg, aber das muss noch gemacht werden.

Du bist gar nicht weisungsbefugt?
Egal! Tu einfach so, als ob der Chef Dich geschickt und beauftragt hätte, ihnen das Anzuschaffen – ohne es direkt auszusprechen…

**Die Kunst des Delegierens**

## Alkohol am Arbeitsplatz

> ☞ MERKE: Beachte den Dreiklang aus unauffälliger
> Versorgung, Nahrungsaufnahme ohne
> soziale Kontrolle und Geruchsübertünchung!

Alkohol am Arbeitsplatz? Unser Kommentar: Ja, freilich!
Nicht, dass wir hier der Sucht Vorschub leisten wollen, aber was
ist denn schon dabei? Unserer Meinung nach ist die
Arbeitsatmosphäre in vielen deutschen Betrieben nur noch mit
Hilfe der Einnahme von alkoholischen Getränken zu ertragen.
Folglich fördert Alkoholkonsum am Arbeitsplatz die Geselligkeit
und das Miteinander in der Belegschaft und ist daher unbedingt
zu fördern. Und schliesslich: «Man wird ja wohl in der Arbeit noch
zwei, drei Bier trinken dürfen» [Zitat eines unserer Kollegen, dem
wir hier nur voll und ganz zustimmen können – auch wenn es in
seinem Falle wohl regelhaft eher zehn bis zwanzig waren...]
Leider reagieren viele Arbeitgeber mittlerweile zunehmend mit
Unverständnis auf urbayrische Lebensmittel. Der Konsum
während der Arbeitszeit wird (völlig unverständlich) mit
Abmahnungen oder sogar fristloser Kündigung geahndet. Sollte
der Arbeitgeber auch noch Unfälle am Arbeitsplatz vermeintlich
mit dem Konsum von Alkohol in Verbindung bringen, so droht
weiteres Ungemach.
Wir hingegen sind der Meinung, echte langjährige Profis arbeiten
mit Alkohol viel entspannter am Arbeitsplatz.
Idioten schaffen es jedoch durchaus auch nüchtern mit der Hand
in die Kreissäge zu langen.
Um auch weiterhin entspannt arbeiten zu können und den Chef
auch in Zukunft ertragen zu können, sind daher auch hier
Massnahmen aus dem Katalog der grossen Kunst des Versteckens
notwendig.

**Alkohol hebt die Stimmung am Arbeitsplatz!**

## I. Gewährleistung der Versorgung

☞ MERKE: Schlachten werden durch ausgeklügelte
und überlegene Logistik entschieden,
nicht durch falschen Wagemut!

Auch wenn der Arbeitgeber nicht grundlos Taschen und Spinde
kontrollieren darf, kommt ein Glasgeklimpere aus Aktentasche
oder Rucksack nicht gut an. Aber was spricht denn eigentlich
gegen Bierdosen? Dosen waren schon immer beliebt.
Hochprozentiges sollte lieber noch vor Arbeitsantritt in
unauffällige Getränkeflaschen umgefüllt werden. Obstler und
Vodka in Wasserflaschen, Bacardi in Cola-Mix-Flaschen, Batida de
Coco in Milchflaschen.
(Unbedingt vor diebischen Kollegen sichern! Nicht dass ein
unverschämter Kollege da ein Mineralwasser «abstauben»
möchte und versehentlich einen Schluck Obstler abbekommt und
einen dann noch unverschämterweise beim Chef hinhängt.) Im
Übrigen hat sich auch der traditionelle Flachmann im modernen
Arbeitsleben bewährt.

## II. Depotverteilung

Es ist immer schlecht, wenn unter dem eigenen Schreibtisch
dutzende von Bierflaschen stehen. Daher sollte man seinen
Bedarf über das ganze Firmengelände verteilen. Problematisch ist
auch hier die zufällige Entdeckung durch Kollegen oder Chefs.
Daher müssen die Teilverstecke gegen unbefugtes Öffnen
gesichert sein oder so unattraktiv und unzugänglich, dass sie
sicher sind. Auch sollte die Entnahme ohne soziale Beobachtung
erfolgen können. Das eigene Auto ist ein guter Ort.

**Alkohol fördert die Geselligkeit am Arbeitsplatz!**

### III. Geruchsübertünchung

 **MERKE: Abstand halten!**
Sensible Nasen riechen sonst den Konsum
schon ab dem Prozess der Nahrungsaufnahme!

Wir spielen das alte Kinderspiel:
«Ich sehe was, was Du nicht siehst und das ist blau!»
Für die Ersthilfe reichen Mundsprays, Kaugummis und
Pfefferminzbonbons. Leider dünstet der menschliche Körper nach
Jahren stärkerer Nahrungsaufnahme zunehmend den Geruch von
Alkohol über die Haut aus. Hier helfen nur geruchsüberdeckende
Deos und Sprays. Allerdings sollte man dadurch nicht so streng
wie eine brünftige, in Alkohol gefallene Wildsau riechen, da dies
das Verstecken erschwert. Frühere Aufenthaltsorte sollten nicht
auch noch fünf Minuten nach Verlassen die frühere Anwesenheit
von einem verraten. Wiederum gilt nicht zu nahe bei Kollegen
und Chefs zu stehen, damit diese nichts riechen.
**Wichtig:** Wortkarg bleiben! Wenn man etwas ungewöhnlich
spricht, wird nicht jeder unbedingt glauben, dass man eine ganz
lange Zunge hat oder einen speziellen niederbairischen Dialekt!

### IV. Nahrungsaufnahme

Eine unauffällige Einnahme aus Originaltrinkbehältern ist
beispielsweise auf der Toilette möglich. Ansonsten empfiehlt sich
in der Pause während dem Essen aus den oben genannten Tarn-
Behältnissen Alkohol zu sich nehmen.
Auch hier gilt, wie oben erwähnt: Ein klassischer Flachmann passt
fast in jede Hosen- oder Jackentasche.

**Alkohol verkürzt die Zeit bis zum Feierabend!**

## V. Die Entziehungskur als Mittel des Nichtarbeitens

☞ **MERKE: Ist der Ruf erst ruiniert,**
**lebt es sich ganz ungeniert!**

Ob gediegene Faulheit oder Alkoholkonsum als eigene Form der «Champions League»: Ist man erstmal unberechtigterweise im Job abgestempelt, hilft es nicht, auch noch so fleissig oder nüchtern zu sein. Aber wie heisst es so schön: Ist der Ruf erst ruiniert, lebt es sich ganz ungeniert! Sollte man jedoch mit Alkohol am Arbeitsplatz erwischt werden, so drohen teils drakonische Strafen. Leugnen bringt hier nicht viel. Bei Erstvergehen ist es besser die Flucht nach vorne anzutreten und zum Betriebsrat zu gehen und diesem mitzuteilen, dass man ein Problem mit Alkohol habe. (Auch wenn man durchaus nur ein Problem OHNE Alkohol hat...)
**Denn: Alkoholiker zu sein, ist nicht strafbar.**
Allerdings ist es arbeitsrechtlich verhängnisvoll, dies zu verleugnen und keine Hilfe anzunehmen. Daher sollte man sich dann auf Staatskosten auf eine Entziehungskur schicken lassen.
Ungeheurer Vorteil: Aus dem Betrieb ist man erstmal weg.
In der Entziehungskur kann man prima die grosse Kunst des Versteckens weiter üben, denn irgendwie muss man dort ja weiter an seinen Stoff kommen. Nachrichten von betroffenen Kollegen deuten darauf hin, dass dies ohne grössere Probleme möglich ist.
Und nur am Rande: Jeder kann bei Alkoholkrankheit nach längerer Zeit und vorgegebener «Abstinenz» auch mal wieder einen «Rückfall» erleiden. Hierbei hängt viel davon, dass man in keinem Fall eine ungünstige Prognose riskiert, denn um einen loszuwerden braucht der Arbeitgeber eine ungünstige Zukunftprognose über den weiter zu erwartenden «Krankheits»-Verlauf. Kurz: Wer heilbar ist, der darf bleiben.
Und da wir ja keine Probleme mit Alkohol haben (sondern allenfalls ohne...) steht einer Weiterbeschäftigung nichts im Wege.

**Alkohol verhilft sogar Chefs zu klaren Momenten!**

## Reaktionen bei Vorwürfen

> ☞  MERKE: Eine gute Ausrede ist besser
> als fünf Stunden harte Arbeit!

Sollte es zu Reaktionen auf fehlende Arbeitsleistungen oder nicht erledigte Arbeiten kommen, so empfiehlt es sich, eine weite Spanne an Ausreden parat zu haben.

**Erste Regel:**   **Schuld ist immer ein Nichtanwesender,
denn der wird sich am wenigsten wehren!**

**Katalog möglicher Antworten:**
* Das habe ich nicht gewusst!
* Ich bin dafür nicht zuständig!
* Ich dachte die anderen machen das schon. [siehe erste Regel]
* Das haben wir einfach heute nicht mehr geschafft.
* Klar machen wir das – Morgen!
* Ach, war das meine Aufgabe?!?
* Das muss wohl bei der Vorbesprechung untergegangen sein.
* Ich wusste nicht genau, **was** ich machen soll.
* Ich wusste nicht genau, **wie** ich das machen soll.

Sollte alles nichts helfen, kann man immer noch mit Gegenfragen reagieren. Am besten Details der Arbeitsanweisung abfragen und das Gegenüber mit Einwürfen verwirren und verunsichern.
Wieder empfiehlt sich der Abort als sicherer Aufenthaltsort. Bei Nachfragen wegen der Dauer des Toilettengangs empfiehlt sich wiederum der Verweis auf Darmbeschwerden oder andere krankheitsbedingte Unpässlichkeiten. Dies leitet wiederum über zum Grund für frühzeitiges Entfernen vom Arbeitsort Richtung Heimat.

**Reaktionen bei Vorwürfen**

## Wie dumm bin ich?

---

☞ MERKE: Je beschränkter und einfältiger der Chef
uns hält, umso weniger wird er eine
derartige Durchtriebenheit bei uns vermuten!

---

Es ist nicht unser Problem, wenn unser Chef uns für ein bisschen geistig minderbemittelt hält. Ganz im Gegenteil. Derartige Vorurteile erleichtern uns unser Handeln ungemein. Bestärken wir ihn doch gerne darin!
**Denn: Dummheit ist ein bedauerlicher Zustand, aber grundsätzlich nicht strafbar.**
Und zudem: Leute, denen man nichts zutraut, werden auch seltener mit komplexen anstrengenden Arbeiten betraut. Allerdings sollte man darauf achten, dass man aufgrund dieser Einschätzung nicht nur noch für die letzte körperliche Drecksarbeit eingesetzt wird. Daher sollte die vom Arbeitgeber vermutete geistige Schwäche auch mit einer (simulierten) gewissen körperlichen Schwäche einhergehen. Auch Ungeschicktheit ist nicht von Nachteil – besonders wenn durch uns teure Apparaturen kaputtgehen könnten. Wenn man mit derartigen teuren Apparaturen umgehen muss – gerne mal beherzt «versehentlich» fallen lassen und sich dann tausendmal für seine Ungeschicklichkeit und den blöden Zufall entschuldigen. Der Chef wird sich zweimal überlegen, ob er nochmal so einem Tollpatsch, wie uns, so wichtige Geräte anvertraut. Ob Glas, Porzellan oder teure optische oder elektrische Geräte – zwei linke Hände sind hier immer von Vorteil. Elementar und überlebenswichtig ist auch hier, dass keinesfalls bei der Handlung ein Vorsatz von der Gegenseite angenommen werden kann.
Eine mögliche Abmahnung wegen Ungeschicklichkeit löst hingegen bei uns nur ein *müdes A...-runzeln* aus, immerhin sind wir dadurch raus aus diesem Bereich der Arbeit.

**Wie dumm bin ich?**

## Das grosse Vergessen

☞ MERKE: Man kann ja auch mal etwas vergessen!

Neben der reinen Dummheit gibt es im Arbeitsleben noch die Zerstreutheit und das löchrige Gedächtnis, die von Ersterer klar medizinisch zu unterscheiden sind. Denn dumm ist ein zerstreuter Professor sicherlich nicht, auch wenn er vergisst, wo er gerade seinen Hut hingelegt hat oder was er gerade machen wollte.

Da der Chef aufgrund der simiaformen Struktur seines Gehirns eh beides nicht auseinanderhalten kann, hier in einer Lektion [N° 20]: Neuere Untersuchungen deuten darauf hin, dass eine weibliche Kröte Gelerntes über Wochen behalten kann. Dies ist eine beträchtliche Merkleistung für dieses überaus hübsche Tierchen, besonders im direkten Vergleich mit der des männlichen Chefs!

Bei unserem Chef war sein Gedächtnis für alle unsere Bitten und Anliegen erheblich kürzer. Nämlich so lang, wie wir wieder zum Verlassen seines Büros durch seine Zimmertür brauchten.

Daher sind wir der Meinung, dass wir uns selber auch nicht mehr merken müssen als er. Schliesslich wird er dafür ja auch erheblich besser bezahlt als wir. Wenn dieser selbst unsere wichtigsten Anliegen noch am Vormittag in unerforschte tiefe Regionen des Raumes zwischen seinen zwei Ohren verräumt, dann kann man von uns keinesfalls erwarten, dass wir am Vormittag noch wissen, was er uns am Morgen an Arbeit anschaffte.

**Auf Nachfragen teilen wir ihm gerne mit, dass heute so viel Arbeit anfiel, dass wir das l e i d e r  v e r g e s s e n haben.**

Es ist wahrlich nicht unser Problem, wenn uns unser Chef dann mit der Zeit für ein Paradebeispiel eines klassischen Alzheimer-Patienten hält, weil wir leider immer alles vergessen. Im Gegenteil. Derartige Einschätzungen erleichtern unser Leben ungemein.

**Schliesslich kann man ja auch mal was vergessen!**

**Bei Anliegen von Mitarbeitern herrscht beim Chef
Durchzug zwischen den Ohren**

## Umgang mit Kollegenneid

☞ **MERKE:** Niemals vergessen:
Das grösste Schwein im ganzen Land,
das ist und bleibt der Denunziant!

Wenn man es endlich geschafft hat, die grosse Kunst des Versteckens perfekt anzuwenden, so können von neidigen Kollegen durchaus dumme Bemerkungen fallen der Art: «Für das was **DER** leistet/arbeitet, verdient der aber noch viel zu viel.» Gegenfrage: Was geht denn diese Personen überhaupt an, was wir verdienen? Überhaupt ist es nicht deren Sache, was wir so machen (oder auch nicht machen...) Nicht umsonst gilt schon in der Bibel Neid als eine der sieben Todsünden. Von allen negativen menschlichen Eigenschaften ist Neid wirklich die schlimmste. Meist sind es eigene innere Defizite, die solche Leute antreiben. Selber nichts im Leben geschafft und gerafft. Ständig unzufrieden mit sich selber. Immer schlecht drauf. Häufig sind diese Leute selbst keine allzu grossen Leuchten und haben selber nichts gerissen, sonst hätten sie das System der systematischen Ausbeutung der Arbeiterschaft längst durchschaut und wüssten, um was es uns geht. Offensichtlich sind sie selber zu dumm oder zu feige das System auszutricksen. Mit solchen Leuten kann man nichts anfangen. Aus dieser Gruppe rekrutieren sich die schlimmsten Maulwürfe, die unser Terrain unterminieren! **Klare Ansage: Wer das Spiel auf Seite des Chefs mitspielt, der gehört nicht zu unserer Mannschaft!** Dumme Sprüche kommentarlos ignorieren! Höflich bleiben, Abstand wahren, von der Informationskette abschneiden, denn **sie sind und bleiben eine latente Gefahr**, da sie einen irgendwann aus Neid beim Chef hinhängen werden.

**Umgang mit Kollegenneid: Der Maulwurf**

## Die Rolle des Chefs

☞ MERKE: **Der Chef kann nie ein Freund sein!**
**Bestenfalls hat er die Rolle**
**eines nützlichen Idioten!**

Die vorliegende Ausarbeitung beschäftigt sich ausdrücklich nicht damit, wie man dem Chef «*in den A... kriecht*»!
Wichtig ist immer darauf zu achten, dass der Chef niemals Fakten gegen einen in der Hand hat. [Direkte Arbeitsverweigerung ist ein Abmahnungs- oder Kündigungsgrund!]. Also immer weiter nicken und «Ja! Natürlich mache ich das noch!» sagen. Es ist nicht unser Problem, wenn unser Chef uns für einen Alzheimer hält, weil wir alles vergessen. Ganz im Gegenteil. Derartige Vorurteile erleichtern uns unser Handeln ungemein. Nach dem «Peter Prinzip» ist naturgesetzmässig Unfähigkeit eine der häufigsten Eigenschaften in Führungsetagen. [Nach Laurence J. Peter steigt eine Person in einer Hierarchie so lange auf, bis sich deren totale Unfähigkeit erweist. Dort bleibt sie dann hängen – f ü r   i m m e r.] Problem ist jedoch nicht die reine Dummheit des Chefs alleine, sondern stets diese häufig vorkommende, gefährliche Melange aus Ignoranz, Dummheit und Boshaftigkeit. Oft wird er so tun, als ob er [der selber Angestellte!] die Gehälter der ihm unterstellten Mitarbeiter aus eigener Tasche bezahlen müsste und ihm dabei jeder Cent weh tut. Schon am Morgen, wenn er zur Tür hereinkommt und «Guten Morgen» sagt, ist dies seine erste Lüge des Tages. Auch später vor dem Arbeitsgericht wird Dir Dein Chef in den Rücken fallen und so lügen, dass er kaum mehr mit seiner langen Pinocchio-Nase aus dem Gerichtssaal herauskommt!
**ALSO VERGISS ES:** Mit solchen Leuten kann man nicht verhandeln! Keep smiling, immer höflich bleiben, nichts anmerken lassen, immer Nicken – das schafft Vertrauen!

**Der Chef telephoniert gerne mit der Personalabteilung!**

## Der Nutzen der Inkompetenz in Hierarchien

☞ MERKE: Das übersteigerte Selbstwertgefühl des Chefs
ist direkt proportional zu seiner tatsächlichen
Inkompetenz! Nutzen wir es aus!
Je grösser das Chaos um uns herum,
umso besser für uns!

In der Person des Chefs äussert sich häufig eine fatale
Verschmelzung des Peter-Prinzips mit dem Dunning-Kruger-
Effekt; d. h. nachdem der Chef in der Hierarchie aufgestiegen ist,
bis sich seine totale Unfähigkeit erwiesen hat, sieht er nicht ein,
wie inkompetent er ist. Denn die Sozialpsychologen David
Dunning und Justin Kruger hatten bereits 1999 erkannt, dass es
eben ein wesentliches Merkmal von totaler Inkompetenz sei, dass
man nicht erkenne, wie inkompetent man eigentlich ist.
Tun wir unserem Chef doch einfach etwas Gutes und lassen wir
ihn lieber in dem Glauben, er sei der Schlaueste. Viel müssen wir
eh nicht tun. Er glaubt es ja von alleine. Unsere Aufgabe ist es die
Schwachstellen seiner Persönlichkeit zu erforschen und hieraus
Vorteil zu schlagen. Im vorliegenden Fall war der Chef der
Meinung, er brauche nichts zu können, da ja seine Hauptaufgabe
schliesslich sei, die Arbeit seiner ihm unterstellten Mitarbeiter zu
organisieren. Die Sache hatte nur einen winzigen kleinen Haken.
Von allen Dingen dieser Welt konnte er etwas überhaupt nicht:
«**Organisieren**».
Motivieren wir unseren Chef und bekräftigen wir ihn in der
Vorstellung, dass er der Beste sei.
Ziel ist es «unter dem Radar zu fliegen».
Er vergisst, uns Arbeitsaufträge mitzuteilen? Wunderbar!
Dann müssen wir uns noch nicht einmal Ausreden ausdenken!

Der Nutzen der Inkompetenz in Hierarchien

## Mathematik der konsequenten Aufgabenreduktion

>  **Merke:** Wer auf 5 Hochzeiten gleichzeitig tanzen will,
> der bekommt dann auch Prügel von 5 Bräuten!

Ständig will uns unser Chef irgendwelche zusätzlichen Aufgaben und ganze Aufgabenfelder ohne Gehaltserhöhung «reindrücken». Aber eigentlich sind wir schon mit dem Nichtstun überfordert! Wie sagt schon der Volksmund: Auf zwei Hochzeiten gleichzeitig tanzen, das geht nicht. Wer gleichzeitig mehrere Aufgaben übernimmt, der schafft keine davon wirklich passabel.

Das ist doch schon rein mathematisch klar: Teilt man 100% Leistung gleichmässig auf fünf verschiedene Aufgabenfelder auf, so bleiben 7 ½ % Leistung pro Aufgabenbereich übrig. [Schlüssig erklärt für alle, die in der Firma so stolz auf ihre Prozentrechnung sind...]

**Die logische Folge ist, dass ALLE mit Deiner Leistung unzufrieden sind, egal wie sehr Du Dich anstrengst.**

Schliesslich erwartet jeder einzelne «Leistungsempfänger» 100%, bekommt jedoch nur 20%. Auch wenn Du nunmehr **300%** leisten würdest, blieben pro Aufgabenfeld trotzdem nur **60%** übrig!

Schlussfolgerung: Am Besten man «tanzt» auf keiner «Hochzeit». Nicht mal auf der eigenen! Denn: «Früh gefreit, heisst oft gereut.» Wie in der Schlacht erfolgt das Abwehren durch sofortige Gegenoffensive nach fehlgeschlagenem Angriff des Gegners:

**Man ist schon mit den Aufgabenfeldern überfordert, die man jetzt schon abdecken muss und fordert dringenst Entlastung!**

Denn: Wir tanzen auf keiner Hochzeit! Viel zu anstrengend! Vielmehr sei unsere Rolle die eines zufälligen Zaungastes, den keiner kennt, der am Buffet alles abgreift, die Braut im Gebüsch schwängert und danach irgendwo randvoll in einem fremden gemachten Bett inkognito seinen Rausch ausschläft!

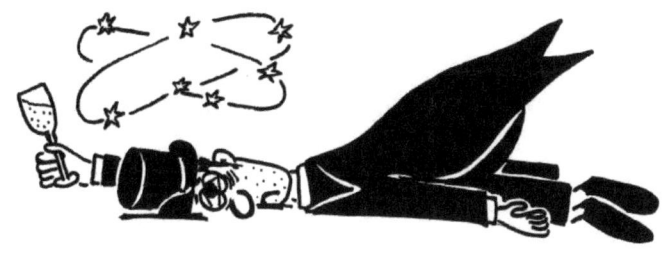

**Niemals auf mehreren Hochzeiten gleichzeitig tanzen!**

## Das Blaumachen

 **MERKE: Ab und zu hilft es Abstand zu gewinnen!**

Die simulierte Krankheit gehört nicht direkt zur grossen Kunst des Versteckens **IN** der Arbeit.
Aber wenn es geht, warum nicht? Immerhin erspart man sich hierbei den lästigen Weg zur Arbeit und zurück.
Hierbei sind jedoch einige Dinge zu beachten.

* Niemals länger als sechs Wochen am Stück krank sein, denn dann übernimmt die Krankenkasse nur zu verringertem Salär die Zahlungen.
* Häufiger Wechsel des Hausarztes, damit dieser nicht Verdacht schöpft. Es sind Ärzte mit Migrationshintergrund zu bevorzugen, da man mit ihnen offener über seine Probleme reden kann, als mit irgendwelchen spiessigen deutschen Medizinern.
* Die angegebene Krankheit sollte wechseln, da sonst möglicherweise eine Folgeerkrankung von der Krankenkasse angenommen wird.

Für den Anfang tun es typische (wechselnde) Bagatell-erkrankungen, deren Symptome leicht simuliert werden können.
Man kann mit der Zeit dann einen Zahn zulegen und einige schwerere Erkrankungen ausprobieren. Krücken und Verbandszeug lassen sich im Fachhandel leicht beschaffen.
Die Königsklasse sind jedoch die psychischen Erkrankungen, die ein weites Feld der Betätigung ermöglichen. Erkrankungen mit medizinisch schwer eindeutig nachweisbaren Symptomen ist hierbei der Vortritt zu geben. Auch sollte man vermeiden vom Amtsarzt vorgeladen zu werden, da man sich sonst umfänglich in die einschlägige medizinische Fachliteratur einarbeiten muss.

**Das Blaumachen**

## Das Attest – unser Freund

> ☞ MERKE: Frechheit siegt!
> Ist man erstmal als «Versehrter» anerkannt,
> erledigen sich vielerlei Arbeiten von alleine!
> (bzw. durch andere «fleissige Ameisen»)

Wer kennt ihn nicht, den Malermeister, der wegen Schwindelanfällen nicht mehr als einen halben Meter hochsteigen darf oder die Schuhverkäuferin, die wegen einer Lederallergie viele Schuhe nicht putzen kann.

**Ungerecht? Nein, unsere heimlichen Helden und Vorbilder!**

Hat man erstmal einen festen Arbeitsvertrag durch Klage erstritten und ist schon längere Zeit im Unternehmen, so kann man die persönliche Arbeitsbelastung durch Vorlage von ärztlichen Attesten weiter reduzieren. Hierbei kann man gerne auch etwas übertreiben, da Schwerbehinderung zu einem grösseren Kündigungsschutz führt.

Vor dem Beginn des Prozederes sollte man allerdings genau in der juristischen Fachliteratur zum Arbeitsrecht studieren, was einem das Attest juristisch im Arbeitsverhältnis bringen wird und ob es in der Folge auch wirklich die Arbeitsbelastung reduzieren wird.

Danach kann man sich in Ruhe in die medizinische Fachliteratur vertiefen und Abarten der Behinderung heraussuchen, die nur schwierig zu widerlegen sind. Die Königsklasse stellt hierbei die Gruppe der psychischen Störungen dar.

Wichtig ist jedoch, dass das Attest nicht direkt zur totalen Arbeitsunfähigkeit führt oder dem Arbeitgeber auf Umwegen eine personenbedingte Kündigung ermöglicht [vgl. Lektion 30], da er uns nicht mehr sinnvoll beschäftigen könne. Ziel ist vielmehr eine Politik der kleinen Nadelstiche. Ans Werk! Es lohnt sich!

**Zur Rolle von Attesten**

## Gegenmassnahmen des Arbeitgebers

 **MERKE: Nicht alles, was vom Chef angeordnet wird, ist auch juristisch korrekt und vor allem gesetzlich erlaubt!**

Der Chef mag noch so dumm sein, irgendwann versteht auch der Dümmste, dass irgendetwas nicht stimmt, wenn dauernd Arbeit liegenbleibt und nichts gemacht wird.

Um Druck auf die Belegschaft auszuüben, wird der Chef Dienstanweisungen erlassen, und versuchen gewisse Dinge schriftlich zu fixieren und mit Gewalt durchzusetzen.

In der Folge kann es zu Personalgesprächen und möglicherweise Abmahnungen kommen.

**Erste Regel: Cool bleiben und Ruhe bewahren!**
**Wenn der Chef wirklich etwas gegen Dich in der Hand hätte, wärest Du schon längst fristlos geflogen!**

Immer freundlich bleiben. Immer kooperativ wirken.

Sollte es zu Massnahmen kommen, empfiehlt sich ein Gang zum Betriebsrat und eine juristische Abklärung.

Denn nicht alles, was angeordnet wird, ist auch juristisch korrekt und vor allem gesetzlich erlaubt!

Meist verfügen Chefs nicht über die nötige juristische Ausbildung und wenn dann auch noch in der Personalabteilung nicht allzu befähigte Personen [ ≥ totale Pfeiffen] sitzen, so kann dies zu juristisch hahnebüchenen Vorgängen führen.

**Unser Motto: Was interessiert uns die Attestpflicht ab dem erste Tage. Dann schreibt uns unser Arzt halt nicht zwei Tage krank, sondern gleich zwei Wochen!**

Gegenmassnahmen des Arbeitgebers

## Der gekaufte Betriebsrat

☞ MERKE: Der Betriebsrat ist eigentlich Vertreter
der arbeitenden Belegschaft und sollte
daher auch deren Interessen vertreten!
Bei entsprechendem Arbeitgebereinfluss
kann es aber durchaus auch anders kommen!

Es kann durchaus sein, dass der Arbeitgeber so lange darauf hingearbeitet hat, dass nur noch ihm genehme Personen im Betriebstrat sitzen. Der Verdacht liegt nahe, dass in manchen Betrieben auch gewisse Gefälligkeiten hin und her gingen.

Es gilt die Augen offen zu halten und schon weit im Vorfeld darauf zu achten, wie sich einzelne Betriebsratsmitglieder bei Dingen, die der Arbeitgeber unbedingt haben möchte, positionieren. Auf Jubiläen ein paar wohlklingende Worte ins Volk werfen kann jeder. Zu denen, die immer schon Arbeitgeberlinie gefahren sind, brauchst Du gar nicht zu gehen! Auffällig ist auch, wenn der Betriebsrat mit der Gewerkschaft [der ECHTEN Gewerkschaft, nicht einer vom Unternehmen gegründeten Konkurrenzgewerkschaft!] über Kreuz liegt. Arbeitest Du in einem solchen Betrieb, so hilft meist nur noch ein Gang zu einem guten Fachanwalt für Arbeitsrecht. Gegen etablierte Arbeitgeberfreunde im Betriebsrat kannst Du auf die Schnelle nichts machen. Kurz, gegen die Seilschaften im Unternehmen kommst Du nicht an. Hier sind Leute am Werk, die seit Jahren schon nichts anderes im Kopf haben, als ihren eigenen persönlichen Vorteil. Sie werden auch alles tun, um weiter am Futternapf zu bleiben.

Noch ein kleiner Tipp im Guten an die Belegschaft:
Arbeitgebernahe Betriebsräte bei nächster Gelegenheit ABWÄHLEN!

Der gekaufte Betriebsrat

## Die juristische Auseinandersetzung

> ☞ **MERKE:** Juristische Auseinandersetzungen
> mit dem Arbeitgeber führen zu nichts.
> Meist sitzt dieser am längeren Hebel.

«Nirgendwo wird so viel gelogen wie vor Gericht», hat einmal ein Rechtsanwalt zu uns gesagt. Und ganz unter uns: Wir haben keinerlei Zweifel an seiner Aussage.

Juristische Auseinandersetzungen mit dem Arbeitgeber führen zudem im Allgemeinen zu nichts. Meist sitzt der Arbeitgeber hier eh am längeren Hebel, denn Recht haben und Recht bekommen, das sind im deutschen Rechtssystem zweierlei. Zudem wird sich der Arbeitgeber irgendwann darauf berufen, dass das Vertrauensverhältnis zerrüttet ist und ihm eine Fortführung nicht mehr zuzumuten ist. Eskaliere erst, wenn es nicht mehr anders geht. Allerdings empfiehlt es sich auf die Endauseinandersetzung und das Erstreiten einer möglichst hohen Abfindung schon jahrelang im Voraus vorzubereiten. Denn wenn die Kündigung des Arbeitgebers irgendwann kommt, dann heisst es Vollgas geben! Wichtig ist es, sich weit im Vorfeld einen sehr guten, auf Arbeitsrecht spezialisierten Anwalt zu suchen und eine Rechtschutzversicherung abzuschliessen, die auch Arbeitsrecht mit einschliesst. Wichtig ist, sich in die etwas verquere Art juristischen Denkens hineinzuarbeiten. Diese geht nicht davon aus, ob jemand gerecht behandelt wurde, sondern wie die Rechtsgrundlagen in diesem Fall aussehen und wie sie gegeneinander abzuwägen sind. Im Wesentlichen geht es um juristische Anspruchsgrundlagen. Am besten Du arbeitest Dich schon mal in das deutsche Arbeitsrecht ein und studierst online unterschiedliche Fälle und wie und mit welcher Rechtsbegründung in diesen die Arbeitsgerichte entschieden haben. Bis dahin heisst es aber erstmal: Verstecken!

**Die juristische Auseinandersetzung**

## Kündigungsarten – die juristischen Hintergründe

> ☞ MERKE: Selbst einen kranken Mitarbeiter
> los zu werden, ist für den Arbeitgeber
> mit erheblichen Hürden verbunden
> und alles andere als einfach!

Sollte man auffallen und eine Kündigung drohen, so ist zunächst zwischen fristloser Kündigung und fristgerechter Kündigung zu unterscheiden. Für eine fristlose Kündigung müssen jedoch ein schwerwiegendes Fehlverhalten und eine eindeutige Beweislage vorliegen. Beispielsweise Euer Chef trifft Euch während Eurer Arbeitszeit irgendwo in einem Café an, während er Euch arbeitend vermutet, er redet Euch schwach an und Ihr sagt ihm dann: «Deinen Dreck kannst Du selber machen, Du Depp!»
Kein Fortgeschrittener in der grossen Kunst des Versteckens wird jedoch in so eine Situation kommen [schliesslich sieht ihn der Chef ja nicht!]. Stets hat er eine passende Entschuldigung parat und kann die Sache erklären. Indes ist es meist arbeitsrechtlich nicht so einfach einen Mitarbeiter loszuwerden und oftmals wird von den Arbeitsgerichten eine fristlose Kündigung in eine fristgerechte Kündigung umgewandelt. Des Weiteren ist zwischen einer personenbedingten und einer verhaltensbedingten Kündigung zu unterscheiden. Personenbedingt betroffen, wäre zum Beispiel der dauerhaft fusskranke Postbote, der zwar unbedingt arbeiten will, aber es einfach körperlich nicht mehr schafft. Verhaltensbedingt betroffen ist nur ein Anfänger, der nicht arbeiten will und dies nicht verschleiert. Doch auch bei ersterem ist es nicht so einfach, da der Arbeitgeber seine Bemühungen vor Gericht belegen muss, dem Briefträger eine Ersatzstelle innerhalb des Betriebes zu vermitteln, wo ihn diese Einschränkung nicht mehr behindert.

**Versteckenist Trumpf!**

## Juristisches zum Begriff «Lowperformer»

> ☞ MERKE: Je grattliger die Firma und
> je schlechter die Bezahlung,
> umso unverschämter die Ansprüche!
> Denn mit was können solche Firmen punkten,
> die nichts bieten und nichts zahlen —
> ausser mit Druck!

Unter dem Begriff «Lowperformer» versteht man in der Sprache der Personalteilungen / «Human resources» Mitarbeiter, die nach ihrer [!] Ansicht nicht allzu viel leisten. Im Allgemeinen wird es zunächst Personalgespräche mit diesen Mitarbeitern geben und dann Abmahnungen. Gesetzlich ist eine Minderleistung jedoch kein Kündigungsgrund und ganz unter uns: Firmen, die zu solchen Methoden greifen, bieten keine erstrebenswerten Arbeitsplätze an... Um eine **verhaltensbedingte** Kündigung auszusprechen muss nach neuester Rechtsprechung die «quantitative Minderleistung» langfristig [!] die Durchschnittsleistung der anderen Arbeitnehmer um deutlich mehr als 1/3 unterschreiten. Allerdings bedarf es hierfür seitens des Arbeitgebers einer genauen Überprüfung, da der Arbeitgeber einer abgestuften Darlegungslast unterliegt.
Ziel muss es daher sein, die Datenerhebung des Arbeitgebers zu stören, zu manipulieren oder unmöglich zu machen. Wenn es dem Arbeitgeber trotzdem gelingt hier Zahlenmaterial zu beschaffen, sollte der Fortgeschrittene die Aussagefähigkeit des Zahlenmateriales bestreiten. Des Weiteren sollte er darlegen, warum er trotzdem seine persönliche Leistungsfähigkeit ausschöpft, beispielsweise wenn ein Mitarbeiter mit diversen Vorerkrankungen mit 20-Jährigen kerngesunden Bodybuildern Gehwegrandsteine aus Granit von 50 kg Gewicht schleppen soll.

**Juristisches zum Begriff «Lowperformer»**

## Juristische Einschätzung von Arbeitspausen

> ☞ MERKE: Je weniger konkret festgelegt wurde und
> je schwammiger die Anweisungen sind,
> umso besser für Dich!

Bei der juristischen Einschätzung von kleineren Pausen ist massgeblich, ob der Chef hier konkrete genaue Vorgaben gemacht hatte oder lediglich die Art der Tätigkeit vorgebe, aber deren konkrete zeitliche Organisation den Mitarbeitern selber überlasse. Zwei Mitarbeitern einer Strassenerhaltungskolonne wurde fristlos gekündigt, weil sie auf der Fahrt zum Einsatzort eine halbstündige Frühstückpause einlegten und diese in offiziellen Berichten als Arbeitszeit deklarierten. Als dies durch Zufall deren Chef zu Ohren kam, kündigte der ihnen fristlos. Dem schob allerdings das Landesarbeitsgericht Düsseldorf 2009 einen Riegel vor [12 Sa 425/09] Ein Arbeitszeit- bzw. Lohnbetrug zeige sich nicht schon dadurch, dass der Angestellte seine Tätigkeit unterbreche und während der Unterbrechung untätig [!] sei oder sich nicht-dienstlichen Tätigkeiten widme. Schliesslich seien Menschen keine Roboter, so dass der Arbeitsfluss nicht gleichmässig-ununterbrochen laufe, sondern während des Arbeitstages durchaus Schwankungen unterliege. Leistungsschwankungen würden zum normalen Arbeitsablauf gehören. Dies gelte primär, wenn der Chef/Arbeitgeber lediglich zwar ein bestimmtes Arbeitspensum zur Erledigung im Laufe des Tages vorgebe, aber die genaue Organisation den Arbeitnehmern überlasse.

Sinngemäss gelte dies auch für Mitarbeiter, die im Laufe des Tages Ruhepausen, Kaffepausen oder private Schwätzchen mit Kollegen über arbeitsferne Themen abhielten. Auch ihnen dürfe deswegen keine fristlose Kündigung drohen.

**Hauptsache Verstecken!**

## Der Abgang mit Pauken und Trompeten

☞ **MERKE:** Nie selber kündigen! LASSE Dich kündigen!
**Klage dann sofort und durch alle Instanzen!**
**Nichts schmerzt Arbeitgeber mehr,**
**als viel Geld für Abfindungen auszugeben!**

Irgendwann ist es wie in jeder Beziehung so weit, dass man sich trennen muss. Scheiden tut weh ...besonders wenn es den Arbeitgeber richtig viel Geld kostet. Erste Regel: Niemals selber kündigen! Das verursacht eine Sperrzeit beim Arbeitsamt und bringt Dich um die Abfindung. Schon mancher hat im Streit spontan gekündigt und es später sehr bereut. **Egal, was passiert, l a s s e Dich kündigen! Klage sofort!** Sofort zu einem Fachanwalt für Arbeitsrecht, der die Kündigung auf Formfehler abklopft. Unverzüglich Kündigungsschutzklage beim Arbeitsgericht einreichen! [Beachte: Kurze Fristen!] Bei Kündigungen muss der Betriebsrat (falls vorhanden) gehört werden. Ist der Betriebsrat allerdings gekauft, wird das zum Nachteil. Vor Gericht wird formal auf Wiedereinstellung geklagt. In der Realität geht es um höhere Abfindungen. Oft lügt der Chef vor Gericht so, dass er nach der Verhandlung noch etwas bleiben muss, da er mit seiner langen Pinocchio-Nase danach nicht mehr durch die Tür passt. Lasse Dich davon nicht beeindrucken! Zerlege seine Argumentation! Entlarve seine Lügen! Lege im Vergleich auch Deine Zeugnisnote fest [frei verhandelbar!] und den Zeugnistext, denn der Arbeitgeber hat hier erstmal die Formulierungshoheit und kann da nachtreten! [Hinter blumigen Ausdrücken oder Auslassungen verbergen sich schlechte Beurteilungen!] **K l a g e   d u r c h   a l l e   I n s t a n z e n!** **Sorge dafür, dass Dein Chef Dich nie wieder vergisst! Noch Jahre nach Deinem Weggang, soll deutlich wahrnehmbarer Fäkalgeruch aus seiner Hose aufsteigen, wenn nur Dein Name fällt!**

§ …. § …. § …. § …. § …. § …. § …. § ….

**Die Jurisprudenz ist eine tödliche Waffe!**

# Epilog

Alles geht vorbei. Nicht nur die tägliche Arbeitszeit, sondern auch dieses Buch. Die Autoren bitten den geneigten Leser, die geringe Dicke des Œvres zu entschuldigen, aber aufgrund langjähriger Berufskrankheit und hieraus folgender persönlicher Disposition war einfach nicht mehr drin. Die Faulheit des Menschen ist nur der Feind von Steuereintreibern und Sklavenhaltern, also jener, die ungerechtfertigterweise von der Produktivität anderer Menschen leben wollen. Nur Leute dieses Typs wollen, dass der werktätige Mensch zurückgeschnitten wird von seinen Naturtrieben, gleichsam wie ein Obstbaum, dem jede Entfaltung genommen wird, auf dass unnatürlich viele Früchte an ihm hängen – von denen der Baum selber jedoch nichts hat. Im Rahmen einer «Renaturierung» des Lebens ist jedoch der Wildwuchs essentiell für die Vitalität des Organismus. Für den Menschen selber ist die Faulheit ein Segen. Schliesslich ist noch kein Mensch an Faulheit gestorben, wohl aber an Arbeit, wie der japanische Begriff «Karoshi» [koreanisch «Kwarosa»] nahelegt.

Die vorliegende wissenschaftliche Bearbeitung hat sehr klar die Möglichkeiten der sozialen Interaktion zur Abwendung unbilliger Direktionsvorgaben in der Arbeitswelt aufgezeigt. Hier gilt es durch weitere Detailuntersuchungen und engagierte praktische Versuche weiteres experimentell in Erfahrung zu bringen und die Grenzen des Möglichen und des Metiers als solches auszuloten.

Nach eingehenden praktischen Studien sind die Forscher davon überzeugt, dass in diesem Bereich noch Einiges unentdeckt und möglich ist und neue Entdeckungen auf uns warten.

Der geneigt Leser sei ermutigt engagiert für die Sache alles zu geben, um unser Anliegen weiter voranzubringen.

Auch gilt es besonders darauf hinzuwirken, dass endlich der ungerechtfertigt schlechte Ruf unseres Fachs relativiert wird.

Nicht umsonst hatte zur Zeit der grossen Philosophen der Antike der synonyme Begriff «*otium*» eine so gänzlich andere Bedeutung, der von der modernen Arbeitswissenschaft inzwischen völlig unverständlicherweise gänzlich negiert wird.

Weiters sei darauf hingewiesen, dass von den beiden Autoren derzeit eine Publikation für Fortgeschrittene vorbereitet wird mit dem Titel:

**«Klagen gegen Bürgergeld/(vormals Harz-IV)»**
**«Die wichtigsten juristischen Fehler**
**in amtlichen Bescheiden»**

Wir würden uns freuen Sie bald wieder als Leser begrüssen zu dürfen. Autorenlesungen aus dem kommenden neuen Werk sind in den Wartehallen der Arbeitsämter Bremen-Ost, Wanne-Eickel, Bitterfeld-Mitte und Eisenhüttenstadt geplant.
Bis dahin verweisen wir auf die einschlägigen Foren im Internet, die sich **Unserer** Sache angenommen haben.

## Appendix

### 1. Einige Urteile deutscher Arbeitsgerichte zur Materie

• Wirksamkeit verhaltensbedingter Kündigung
wegen quantitativer Minderleistung
LAG Köln 03.05.2022 – 4 Sa 548/21

• Fristlose Kündigung wegen Einschlafens am Arbeitsplatz
Arbeitsgericht Köln 18.11.2014 – 7 Ca 2114/14

• Fristlose Kündigung wegen heimlicher Pause
LAG Düsseldorf 24.06.2009 12 Sa 425/09

• Beweisverwertungsverbot mitgehörter Telefongespräche
Amtsgericht Berlin 19. März 2009 2 Ca 17727/98.

• Arbeitsverweigerung nach Mobbing
Bundesarbeitsgericht 22.10.2015 – 2 AZR 569/14

• Arbeitsverweigerung nach rechtwidriger Versetzung
Landesarbeitsgericht Köln 28.08.214 – 6 Sa 423/14

• Arbeitsverweigerung wegen zu wenig Lohn
LAG  Schleswig-Holstein 17.10.2013 - 5 Sa 111/13

• Arbeitsverweigerung aus Glaubensgründen
LAG Schleswig-Holstein 20.01.2099 – 5 Sa 270/08
Bundesarbeitsgericht 24.02.2011 – 2 AZR 636/09

• Fristlose Kündigung wegen Verweigerung von Home-Office
LAG Berlin-Brandenburg 10.10.2018 – 17 Sa 562/18

## 2. Juristische Einschätzung von Alkoholkonsum am Arbeitsplatz

Generell gibt es in der Bundesrepublik Deutschland **kein** Gesetz, dass Arbeitnehmern verbietet Alkohol am Arbeitsplatz zu trinken. Allerdings muss der Arbeitnehmer in der Lage sein, seine vertraglichen Verpflichtungen weiter zu erfüllen. Wesentlich für die Begründung eines Alkoholverbots ist zudem die Arbeitssicherheit, da angenommen wird, dass der Arbeitnehmer nach dem Genuss von Alkohol diese nicht mehr einhalten kann. Für Arbeitnehmer gilt also nur ein «relatives Alkoholverbot», wobei der Arbeitgeber weitere Regelung erlassen kann.

• Deutsche Gesetzliche Unfallversicherung DGUV Vorschrift 1
§ 15 Allgemeine Unterstützungspflichten und Verhalten
(2) «Versicherte dürfen sich durch den Konsum von Alkohol, Drogen oder anderen berauschenden Mitteln nicht in einen Zustand versetzen, durch den sie sich selbst oder andere gefährden können.»

• Vgl. auch DGUV Vorschrift 1
§ 7 Befähigung für Tätigkeiten
( 2) «Der Unternehmer darf Versicherte, die erkennbar nicht in der Lage sind, eine Arbeit ohne Gefahr für sich oder andere auszuführen, nicht mit dieser Arbeit beschäftigen»

• Fristlose Kündigung wegen wiederholter Alkoholisierung am Arbeitsplatz
Vgl. Landesarbeitsgericht Rheinland-Pfalz 2004 – 7 Sa 240/04.
LAG Rheinland-Pfalz 15.04.2021 – 5 Sa 331/20.

• Nicht gerechtfertigte fristlose Kündigung bei Alkoholkrankheit
LAG Rheinland-Pfalz 10.02.2011 – Az. 10 Sa 419/10.

## Abbildungsnachweis

Gestaltung und Design der illustrierenden Abbildungen mit Titelbild und auf Seite 2, 6, 8, 13, 16, 21, 23, 25, 27, 29, 31, 33, Collage Seite 35, Seite 37, 39, 41, 43, 45, 47, 49, 51, 53, 55, 57, 59, 61, 63, 65, 67, 69, 71, 73, 75, Collage Seite 77, Seite 79, 81, 83, 85, 87, 89, 91, 93, 99, 100 © Eric Breuer.

[Seite 19 gelungenes Selbstportrait eines anonymen Künstlers].

Die genannten Abbildungen in Satz 1 wurden eigenhändig vom Autor gezeichnet unter Verwendung gängiger, selbst erklärender Internet-Memes als Motiv zu den jeweiligen Themenbereichen, wobei die Memes dem neuen Kontext angepasst wurden.

Davon abgesehen, dass die vom Künstler neu entworfenen Zeichnungen ein eigenständiges Werk darstellen, beruft sich der Künstler aufgrund des satirischen Charakters des Werks ausdrücklich auf UrhG Teil 1, § 51a, welches die Inspiration als Karikatur, Parodie oder Pastiche erlaubt.

Der Autor möchte die Illustrationen auch als kleine Hommage an den begnadeten Cartoonisten und Zeichner Martin Perscheid († 2021) sehen, vor dessen Lebensleistung sich der Autor verneigt.

Gerne hätte es das Autorenkollektiv gesehen, dass er diese Geschichte(n) als Comic gezeichnet hätte.

Leider war uns das nicht mehr vergönnt.

In diesem Zusammenhang regen wir zumindest die Verfilmung des Stoffs an [Alle Rechte vorbehalten].

## «DO UT DES»
Antike römische Handlungsmaxime

### «SUUM CUIQUE PER ME UTI ATQUE FRUI LICET»
Cato der Ältere

### «PROXIMUS SUM EGOMET MIHI»
Publius Terentius Afer

*Die Tätigkeit des faulsten Menschen ist intensiver als sie des tätigsten Tieres*
Giacomo Leopardi

## «Jeder soll nach seiner Façon selig werden»
Friedrich II.

«Faulheit ist der Hang zur Ruhe ohne vorhergehende Arbeit»
Immanuel Kant

«Faulenzer sind die fleissigsten Menschen: Sie nutzen jede freie Minute zum Nichtstun»
Ernst R. Hauschka

### «Ohne Faulheit kein Fortschritt»
Manfred Hausmann

«The higher the pay in enjoyment the worker gets out of it, the higher shall be his pay in cash, also»
Mark Twain

### «Wählen Sie eine faule Person, um einen harten Job zu machen»
Bill Gates

«Sozial ist, was Arbeit schafft!»
Wahlparole der CDU im Bundeswahlkampf 2005

«Ebit macht Frei!»
VW-Konzernchef Herbert Diss

«Unser Land ist kein kollektiver Freizeitpark!»
Helmut Kohl, Oktober 1993

«Es gibt kein Recht auf staatlich bezahlte Faulheit.»
Guido Westerwelle

«Es gibt kein Recht auf Faulheit in unserer Gesellschaft!»
Gerhard Schröder, April 2001

### «Arbeit ist kein Ponyhof!»
Andrea Nahles, Februar 2023

# «Wir brauchen mehr Bock auf Arbeit!»
Steffen Kampeter, Februar 2023

«Je mehr er hat, je mehr er will»
Johann Martin Miller

### «Toute de le gouvernement qu'elle mérite»
Joseph de Maistre

« Im Bereich der sozialen Interaktion am Arbeitsplatz erzeugt Regressivität
monetärer Zuwendungen kombiniert mit Geringschätzung von erbrachter Leistung
indirekt proportional hierzu Reaktionshandlungen delitezierenden Charakters
der abhängig Beschäftigten »
Alexander Schmitt / Eric Breuer

# Stimmen der internationalen Presse zu diesem Buch

### Le Fickaro
*«Haben die Deutschen einen Vogel? Endlich gibt es darauf eine Antwort!»*

### Wiener Caféhauszeitung
*«Wenn das der Adolf wüsste...»*

### Le Mondæn
*«Jetzt wird auch dem Dümmsten klar, wieso die Deutschen zwei Weltkriege verloren haben.»*

### Afternaktsposten
*«Die wissenschaftliche Argumentation der Autoren ist stringent und schlüssig, so dass der Anerkennung der Faulheit als Berufskrankheit auch in Skandinavien nun nichts mehr im Wege stehen dürfte.»*

### BLÖD
*«SPERRT DIESE SCHMIERFINKEN WEG! VORBEUGEHAFT!!! SOFORT!!!»*

### Journal des Westdeutschen Arbeitgeberverbandes
*«EINSTUFUNG ALS TERRORISTISCHE VEREINIGUNG IST BEANTRAGT!»*

### Kreuzberger Kieznachrichten West-Berlin
*«Endlich! Die Bibel für Faulenzer!»*

### The Sunn
*«Die Krauts schiessen mal wieder über das Ziel hinaus. Kein Wunder bei dem billigen Fusel, den sie saufen!»*

### Zürcher Tagesanzeiger
*«Wer hats erfunden?»*

### Sozialistische Blockwartzeitung Ost-Berlin
*«Wir hams erfunden!»*

### Süddeutsche Allgemeine
*«Ja, mei.»*

### Amsterdamer Dagebladdet
*«An dieser Stelle sollten wir mal etwas über das Thema Snaken.»*

### Soziologisches Nachrichtenblatt deutscher Psychiater
*«Dieses Buch ist eine Mischung aus Genie und Wahnsinn
...allerdings mehr Wahnsinn als Genie.»*

---

FINIS